你培根系的？

跟培根看人生陷阱

U0058868

劉燁 編譯

知識就是力量。

這是培根一句膾炙人口的名言。

在培根看來，人是自然的主人，可以駕馭自然。

但「要命令自然，就必須服從自然」，即認識自然
律，掌握科學知識。

正是從這個角度出發，培根提出了「知識就是力量」
著名論斷，至今影響我們一代又一代人的生活。

崧燁文化

目錄

序言

　　培根（一五六一～一六二六），英國著名的唯物主義哲學家、科學家和教育家。

　　古往今來，關於人生，關於生命，有許多著名的論斷，而培根關於人生的論述對人類產生的影響最為深遠。他第一個提出「知識就是力量」。

　　培根的一生是追求知識的一生，也是追求權力的一生。作為一個兼哲學家、文學家、法官與政治家於一身的培根，其思想複雜多變。

　　《你培根系的？》一書，主要萃取了培根一生著述的精華，包括培根對人與自己、人與社會、人與他人以及人與自然等各方面關係的看法。從〈論真理〉、〈論死亡〉等篇章中，可以看到一個熱愛哲學的培根；從〈論權位〉、〈論野心〉等篇章中，可以看到一個熱衷於政治、深諳官場運作的培根；從〈論愛情〉、〈論友情〉等篇章中，可以看到一個富有生活情趣的培根；從〈論逆境〉、〈論殘疾〉等篇章中，可以看到一個自強不息的培根；從〈論狡猾〉、〈論言談〉等篇章中，可以看到一個工於心計、老於世故的培根。

　　本書將鎔鑄培根哲學智慧與人生經驗的結晶，將他通達人世的智慧，以平實流暢的文字展現給讀者。全書文筆優美，語言凝練，寓意深刻。你可以將它當作生活交友的教科書，亦可以將視為混跡官場的厚黑學。借用培根的一句話：「有些書可淺嚐輒止，有些書可囫圇吞食，有些書則須細嚼慢嚥，充分消化。」本書雖談不上字字珠璣，但也稱得上琳瑯滿目，令人有目不暇接之感，值得細嚼慢嚥；至於好壞，只能是仁者見仁，智者見智了。

劉燁

論真理

　　真理是什麼呢？彼拉多曾這樣笑著問周圍的人，可是，他並不指望這個問題能得到任何答案。世人的心態多數會隨著境遇的變化而變化，認為抱守一種信念是一種枷鎖的人，會轉而追求思想與行動上的自由意志。雖然，此類學派的哲學家早已作古，但如今殘存一批誇誇其談的文人墨客，與此類祖師爺同聲同氣，只不過沒有其先輩那樣強烈和深刻罷了。

　　使人們在追求真理的過程中受欺騙的原因，不僅僅是由於探索真理的困難，也不是因為掌握了真理就會使人的思想受到約束，而是出於人的一種墮落的、迷戀虛假的天性。對此問題，希臘晚期哲學學派中有人曾做過研究，但還是對人為何熱衷於為虛假而虛假深感困惑。他陷入迷戀中——人們到底為什麼喜歡謊言？它們既不像詩歌那樣優美流暢、使人愉悅，也不能像生意人那樣富有。這其中的道理讓人困惑不解。

　　也許，真理可以比作是珍珠，日光之下方顯奪目；但真理不是寶石，不能在各色各樣的燭光中顯現出它們的美麗。

　　一個摻有假象的事物甚至會為人帶來愉悅。人心中那些自以為是的妄想、希望、誤解和幻覺等等，一旦被清除，許多人的內心世界，將會成為可憐、萎縮的東西，充滿憂鬱和疾病，連自己都會厭惡。對此論斷難道還會有人懷疑嗎？一位神父曾經十分嚴厲地稱詩歌是「魔鬼的酒」，因為詩歌占據了人的想像。其實，詩不過是一個虛假的映像而已。然而最可怕的不在於那些瞬間即逝的虛假，而在於那些根深蒂固地盤踞在人心中的虛假。但即使這些虛假深深地扎根於世人敗壞的觀念和情感中，只受自身評判的真理，依然會教導我們去探索真理、認識真理並相信真理。探索真理就要對它有追求和熱愛，認識真理就要和它形影不離，相信真理就要為它有享受的樂趣。

　　當上帝創造萬物時，他所創造的頭一件東西就是感官之光；他所創造的最後一件東西就是理智之光；上帝賜予混沌不清的物質世界以智慧之光，又以智慧之光啟蒙人類的心智，至今他還賜予那些被他恩寵的選民神聖的光輝。

　　有一派哲學在別的方面都不如他派，可是有一位詩人為這派哲學增光不少。這位詩人曾說：「站在岸上看船舶在海上簸蕩是一件樂事；站在一座堡壘裡的窗前看下面的戰爭也是一件很輕鬆的事。但是沒有一件樂事能與站在真理的高峰目睹山谷中的錯誤、漂泊、迷霧和風雨相比擬。」只要看的人對這種光景永存惻隱而不自滿，那麼以上的話可算說得好極了。當然，一個人若能以仁愛為動機，以天意為歸宿，並且以真理為地軸而轉動，那這人的生活可真是步入了塵世天堂。

　　上面討論的，都是關於神學上的真理與哲學上的真理，現在我們再來談談世俗事務上的真理。即便那些根本不相信真理的人，也不能不承認光明正大地做事是一件使人光榮的事，而真假混雜則會像金幣中的合金狀態一樣，那種合金狀態使金銀兩種金屬使用效果更好，但卻會降低金屬的成色。這種欺詐的行為，像蛇一樣無法立足。最令人感到恥辱的邪惡，就是被人發現不誠實和不忠貞。所以，如果一個人因為說謊而受到指責，那麼他就會顏面盡失，面目可憎。

　　沒有比虛偽和背信棄義更為可恥的罪惡了！因此，蒙田在研究弄虛作假為什麼讓人感到如此可恥和可恨時，就解釋得非常巧妙：「好好衡量一下！謊話連篇者正是這樣一類人，他敢於狂妄地面對上帝，卻在世人面前當懦夫！」

　　曾經有一個預言，稱當基督再來到這個世界時，他將遇不到誠信和道德，這是對虛偽者和騙子一個嚴肅的警告啊！

【賞析】

　　在世人眼裡，真理是珍珠，是智慧的太陽，在陽光下閃閃發光。世上通向謬誤的道路千萬條，而通向真理的道路只有一條。

　　真理是普遍的，它不屬於一個人專有，而為大家所共有；真理占有我，而非我占有真理。

在日常生活中，真理與謊言總是相互排斥，真理占據上風，便會為人類服務；相反地，謬誤占據上風，便會禍害人類。倘若誰能掌握真理，並堅持真理，那麼他便可以說生活在人間的天堂了。

論死亡

　　大人面對死亡的恐懼，就像小孩害怕在黑暗中獨自行走一樣。種種鬼怪故事增加了孩子天生的恐懼，對死亡的渲染則增加了成人的恐懼。

　　其實，與其視死亡為恐怖，倒不如採取一種宗教性的虔誠，冷靜地看待死亡——將之視為人生必不可免的歸宿，以及對塵世罪孽的贖還。

　　但是，那種宗教性的、關於死亡的思考中，往往混合有虛妄與迷信的成分。在某些修士的自誡書中可以讀到，人當自思一根手指受到酷刑摧殘時的痛楚時，由此可見死亡時全身潰爛的痛苦。其實，人體的要害部位未必是最敏感的部位，死亡也未必比一指受刑更為痛苦。

　　所以，塞內卡（羅馬哲學家、作家、道德哲學家）作為一個不受世俗宗教哲學影響的哲人說得好：「與死俱來的一切，比死亡本身更為可怕。」嘆息呻吟，痙攣抽搐，慘白的面容，親友的哭泣，黑色的喪服，沉悶的葬禮，凡此種種均使死亡顯得特別恐怖。值得注意的是，人內心的情感儘管脆弱，卻也未必不能與死亡的恐怖相匹敵，進而戰勝對死亡的恐懼。既然有這麼多與死亡抗衡的因素伴隨著人，死亡也就不再是令人畏懼的大敵了。復仇之欲壓倒死亡，愛戀之情蔑視死亡，榮譽之尊高於死亡，悲傷之極嚮往死亡，畏懼之心期待死亡。

　　從史書可以瞭解到，奧圖大帝自殺後（參見塔西佗《歷史》第二卷第四十九章），他的隨從出於對他的忠誠和憐憫紛紛自殺，他們的死純粹是因為對主人的忠誠。

　　此外，塞內卡也指出兩個厭生的原因：苛求和膩煩。他說：「試想你老是做同樣的事情，無論是勇敢的人或倒楣的人，都會厭倦得想一死了之。」即使你不是勇者，亦非窮途末路之人，反覆做同樣的事也會厭倦，感到生不如死。

　　但是有一點應當指出，意志堅強的人面對死亡是那麼從容自若。奧古斯都大帝在彌留之際還向皇后問候：「別了，莉薇亞，我走了，望你記住我們

的婚姻生活。」維斯帕先皇帝垂死之際坐在凳子上談笑如常：「哦，飄飄欲仙。」加爾巴在大難臨頭之時從容說道：「砍吧，只要對羅馬人民有利。」言罷引頸就戮。塞瓦魯斯視死如歸，他說：「要殺便殺，如果沒別的事。」這種事例不勝枚舉。

毋庸置疑，斯多噶學派的人把死亡的代價看得太嚴重，並且由於他們對死亡的準備工夫太過隆重，進而使死亡顯得更加可怕。有人說得好：「死亡乃自然之一大恩惠。」死猶如生，乃自然之事。對嬰兒而言，生之痛楚未必亞於死之苦惱。

人在熱切的追求中死亡，就像一個人在熱血沸騰時受的傷一樣，當時沒有感到傷痛。所以，當下定決心，執意向善時，感覺不到死亡的可怕；但最重要的是，要相信世間有最甜美的歌，乃是當一個人獲得了有意義的結果和期待時所說的那樣：「萬能的主啊，您現在可以遵照您的意願，釋放您的僕人安然去世了。」

同樣，死亡還具有一種作用，它能夠消除塵世的種種困擾，打開讚美和名譽的大門——「活著時遭到別人嫉妒的人，死後將會受到人們的愛戴和思念。」

【賞析】

許多人懼怕死亡是因為自己的許多心願未了，抱負沒有實現；也有很大一部分人是貪戀紅塵，迷戀權位、財富、酒色。無論是出於何種理由懼怕死亡，對死亡充滿恐懼的人都忘了有生必有死的自然規律。

事實上，只要我們內心充滿勇氣和力量，恐懼就將是微弱的。如文中所列舉意志堅強的人，他們面對死亡便能從容若定。因此，當我們對生活充滿樂觀時，不合理的恐懼以及由它所引起的無名緊張心理就會被淡化。

論報復

報復行為展現的是一種以武力解決的野蠻公道，人性離它越遠，就越應該讓法律和文明把它消滅掉。

報復的錯誤在於，一種罪行只觸犯了法律，報復卻無視法律的存在；當然，報復能讓你獲得報復後的一時快感，但是如果你能夠大度地原諒別人對你的不敬和冒犯，你就會比這位冒犯你的人更高一籌。因為高抬貴手才是貴人的舉動。我們確信，正如所羅門曾經說過：「以德報怨是一種光榮。」（編按：所羅門，以色列國王，在位期間發展貿易，以武力維護其統治，使猶太達到鼎盛時期，以智慧著稱。）

往者往矣，覆水難收，一個聰明人更多地考慮現在和未來，絕不會枉費心力在已經過去的事情上。再說，沒有專門為了犯錯而犯錯的人，他們都只是為了追逐自己的利益、快樂或榮譽罷了。如果是這樣，我們為什麼會為別人愛自身超過愛自己生氣呢？退一步說，有人作惡是因為邪惡的天性，這種人就像一叢荊棘，荊棘會刺人也會刮傷人，因為它們沒有別的事情可以做！

有的罪行尚無法律可以追究，因此採取報復手段，這樣的行為值得被理解和容忍。不過應該小心的是，這種報復行動，必須在不會有法律對這些行為處罰的前提下才能被允許。否則，就是以自己的雙重麻煩，來換取敵人的單一麻煩，結果還是讓敵人占了上風，這是親者痛而仇者快的事情。

有人喜歡運用光明正大的方式來報復敵人，值得被讚揚和欽佩。這是因為，復仇的主要目的不僅是為了讓對方遭受苦難，更重要的是為了讓他認識自己的罪行並且悔過。但有些卑鄙狡詐的懦夫卻採用暗箭傷人的方式報復，以陰謀詭計復仇。

佛羅倫斯大公麥地奇（義大利貴族，頗有學術造詣），曾有一句針對忘恩負義的朋友的名言，說的是這類劣行最不可饒恕，他說：「《聖經》上教導我們要寬恕我們的敵人，但從來沒有教導我們原諒背信棄義的朋友。」不過《聖經》中約伯說了一句更高明的話，他說：「是不是我們只能向上帝祈

求得到好的東西，而拒絕那些壞的東西呢？（原文見《舊約聖經·約伯記》第二章）」是不是這句話對於朋友同樣適合呢？對於朋友，我們既然獲得友誼，也要寬恕其缺點過失。

的確，人若念念不忘報復，就會使其本來可以康復的傷口永遠無法癒合。為國家公眾利益的報仇才是值得嘉獎的，比如凱撒被刺而採取的復仇（編按：凱撒，古羅馬統帥。公元前四十四年被政敵刺殺，死後由奧古斯都大帝為之復仇），為佩蒂奈克斯的死而採取的復仇（編按：佩蒂奈克斯，是西元二世紀之羅馬皇帝，為叛亂士兵所殺，死後由部下將領復仇），以及為法王亨利三世的死的復仇（亨利三世，是十六世紀法國國王，遇刺而死，其子為之復仇）等等，更多類似事件的報復，多數都成功；但是，如果是為了報私仇就不是這樣。不僅如此，更甚的是，懷恨在心以致不復仇就不罷休的人，其生活有如巫婆一般，他們的存在有害，死去又可嘆可悲。

【賞析】

報復心極其有害。一個人若心存報復，自己所受的傷害會比對方更大，報復會使一個正常人走向瘋狂邊緣，還會把無罪推向有罪。

所羅門曾經說過：「寬恕他人的過失是寬恕者的榮耀。」寬恕是制止報復的良方。寬恕是給予，是奉獻，是人生的一種智慧，是建立人與人之間良好關係的法寶。一個善於寬恕的人，不會被世上不平之事擺弄，即使受到他人的傷害，也絕不會冤冤相報，寬恕會時時提醒他——邪惡到此為止！

論逆境

「順境帶來的幸運固然可喜，逆境鑄造的品行更令人折服。」

這是塞內卡一句非常高明的話，的確如此。如果奇蹟超乎尋常，那麼它常常在對逆境的征服過程中顯現出來。塞內卡還有一句更加深刻的格言：「真正的偉大，就在於擁有脆弱凡人的軀體，卻具有不可戰勝的神性。」這是宛如詩句的妙語，其中的境界意味深長。

奇蹟一直是詩人樂此不疲表現的東西，因為它實際上就是古代詩人奇思妙想的表現，似乎不無神祕，而且，他們的舉動還有一些接近基督徒的情況。古代詩人描寫海格力斯（希臘神話中的大力士）坐在一個瓦盆裡渡過大海，去解救因為盜取火種給人類而遭受懲罰的普羅米修斯，生動描繪出基督徒以自己的血肉之軀作為舟，渡過人世間的驚濤駭浪的勇氣。

面對幸運，我們所需要的美德是節制；而面對逆境，我們所需要的美德則是堅忍。就道德修養方面來說，後者比前者更為難得，所以《舊約》把順境看做是神的賜福，而《新約》則將逆境視為神的恩賜，因為上帝正是在逆境中才會給人更大的恩惠和更直接的啟示。如果你聆聽《舊約》詩篇中大衛美妙的豎琴，你所聽到的那並非僅僅是頌歌，還會伴隨著同樣多的苦難聲音。而舊約對約伯所受苦難的記載，遠比對所羅門財富的刻畫更加熱心和謹慎。

所有的幸福中都包著隱患和苦惱，而所有的逆境中也包含著安慰與希望。最美麗的刺繡需要用黯淡的背景，把明麗的圖案映襯出來，而絕非是用黯淡的圖案刺繡於明麗的背景上。讓我們從現實中去認識人生吧。

顯然，美德就像名貴的香料，在被焚燒和壓碎時散發出的香味最濃。正如在幸福的順境中，惡劣的品行也會因為沒有節制被顯露一樣，而在苦難的逆境中也會挖掘出美好的品行。

【賞析】

人生道路並非總是風和日麗、一帆風順，總會遇到狂風暴雨、道路泥濘時，人生與逆境總有不解之緣。

你培根系的？跟著培根看人生陷阱

論逆境

　　人生不如意事，十常八九，面對逆境，不能只是一味抱怨、沉淪和絕望。「面對逆境所需要的美德是堅忍」，唯有如此，才能滋生更多的樂觀細胞，才能有足夠的資本去戰勝逆境。

　　逆水行舟方顯英雄本色，美好的品行唯有在苦難的逆境中才能挖掘出來。

論掩飾

掩飾不過是一種膽怯的策略。因為要把握說真話和做實事的時機，就得頭腦敏銳，心態剛強。所以，政治家中的弱勢者，更善於裝腔作勢。

塔西佗曾說過：「莉薇亞（編按：古羅馬皇后，奧古斯都大帝之妻，提貝里烏斯之母）兼有她丈夫的機智慧黠和她兒子深藏不露的優點。」塔西佗還說，當莫西努斯（羅馬將軍）慫惠維斯帕先（羅馬皇帝）襲擊維特里烏斯的時候，他說：「我們起兵反對的敵人，既沒有奧古斯都明察秋毫的判斷力，也沒有提貝里烏斯隱而不露的深沉。」

這些話把二種素質——謀略與韜晦——分開了。這二者的確需要出於習慣或者出於能力，非常卓越。

因為，如果一個人明察到了可以辨別何事該公開，何事該掩飾，何時該半掩半露，以及對象是誰，時機為何（這些都正是塔西佗所謂的治國與處世之道），那麼，對他而言，掩飾的習慣就是一種障礙和一種缺陷了。

但是，一個人倘若無法獲得那種判斷力，那麼一般說來也就應該讓他謹慎行事，成為一個掩飾者了。因為當一個人面臨困境卻又不能隨機應變時，那麼採取一種看起來最安全、最穩妥的做法也就是最好的，就像視力不好的人走路卻很穩當一樣。當然，強者往往處事具有寬闊坦率的胸懷，擁有誠實的名聲。他們就像訓練有素的馬，能夠辨別何時可以加速行進，何時需要轉彎。如果他們能夠巧妙地掌握坦率與沉默之間的分寸，即使他們因不得已而掩飾，也不易被識破，這是因為他們一向開誠布公和處理事情的坦蕩獲得了民眾的信任，使他們的掩飾幾乎無法被察覺。

進行自我掩飾有三種方法。

首先，最保險的方法就是沉默。沉默使祕密得以保留，令他人無法探測。

其次，就是故意施放煙幕彈，向人們道說真真假假的消息，使人難辨真假。也就是故意暴露事情中無關緊要的一部分，目的卻是掩蓋真相中的關鍵部分。

再次，是積極掩飾，故意發布假消息來掩蓋真相。

關於第一點，有經驗顯示，善於沉默的人容易獲得別人的信任。守口如瓶的人無疑能聽到許多人的懺悔，因為沒有人願意對一個多嘴多舌的人披露內心的祕密隱私，這正如一個密封的空間能夠吸收更多的空氣一樣。天性使然，人更願意把心中的祕密向一個能保守它的人傾訴，而不是讓自己的心靈去承擔。簡而言之，沉默是獲得他人祕密的途徑之一。

從另一方面來說，赤裸裸地袒露心事，一如裸露身體一樣，均不雅觀。含蓄的儀態與舉止更加為人所重。所以說，沉默也是一種修養。不難發現，那些多嘴多舌之徒都是空虛輕信的人，他們不但議論自己知道的，而且喜歡議論他們所不知道的。因此，沉默不但是策略性，也是道德性。還有一點要注意，善於沉默不僅在於管住自己的舌頭，而且應當控制自己的表情。觀察一個人，莫過於觀察他的嘴部線條和表情，它們往往會背叛內心，洩漏祕密。表情比語言更加引人注意和值得信任。

關於第二點，也就是施放煙幕彈，這種策略通常是因有重要的祕密需要保守的時候。所以在某種程度上，一個嚴守祕密的人首先必須是一個善於施放煙幕彈的人。因為世人多狡詐、不容許你保持中立，不偏不倚，不容許你把祕密深藏在心中而不向任何一方透露。他們會向你提出一大堆問題，還會設法引誘你開口說話。總之，他們就是想方設法地挖出你心底的祕密，結果，你如果想要避免一種悖理違情的沉默，那麼總會在某句話中透露出一些訊息，也就是說，即使你三緘其口，他們也能從你的沉默中品出味道，就如同從你的話語中可以探出口風一樣。至於支吾搪塞，閃爍其詞，那只能暫時掩人耳目，而並非長久之計。所以如果不學習使用一下施放煙幕彈的才能，任何人都難以保守祕密。

至於談到第三點說謊或作偽，即使它可能在某種程度上發揮作用，我們也應給予譴責而不是稱讚。一個普遍說謊的風氣是邪惡的，是人性弱點的張揚。一個人一開始即便是為了掩飾事情說謊，但後來他為了不使謊言穿幫，就不得不說更多的謊話。

掩飾有三大好處：

第一是可以迷惑對手，奇襲敵人。如果一個人的意圖被洩漏，結果是引起驚慌警報或抵抗。

第二是可以為自己留有轉身的餘地，能夠從容地退卻。如果一個人忙忙碌碌卻毫不掩飾，那麼他必定會經歷挫折，或者被打敗。

第三，謊言可以作為誘餌，探悉對方的想法。所以西班牙人有一句精明的格言：說出一句謊話，得到一句誓言。如果沒有別的方法發現真相。說謊也是不得已的。

掩飾也有三種弱點：

第一，說謊也意味著使自己虛弱，因為說謊就有被揭穿的可能，不得不隨時提防。

第二，偽裝使朋友誤會，從而失去夥伴，陷入孤獨。

第三，這也是最主要的害處，就是虛偽和掩飾將損害一個人的人格——毀掉人們對他的信任。所以，比較合適的做法，就是努力樹立真誠坦率的名聲，又善於並且謹慎運用虛偽和掩飾。不到萬不得已時，不要欺騙說謊。

【賞析】

鄭板橋的驚世警言「難得糊塗」當是對掩飾最巧妙的解釋了。

培根對掩飾更是進行了深入淺出的論述，提出了掩飾的必要性，而其掩飾的三種方法，更是從正反兩面分析了掩飾對人的好處與不利的幾種情形，告誡世人，人無掩飾的本能不行，可是過於深陷虛偽和掩飾亦不可取，最好的辦法便是努力樹立真誠坦率的名聲，又善於並且謹慎運用虛偽和掩飾。

論親情

為人父母的歡樂祕而不宣，但其愁煩和憂慮也是如此。歡樂處說不盡，憂愁處說不出，因為子女使他們的勞苦也變得甜美，但也會使他們的不幸變得更加痛苦。子女增加了他們的生活負擔，但卻減輕了他們對於死亡的恐懼。

雖然動物也傳宗接代，延續有繼，但唯有人類才能青史留名、建功立業。確實可見的是，許多沒有子女的人成就了許多非凡的豐功偉績，但當他們肉體的影像無法再現時，便需要努力將意念上的影像表現出來。因此，那些沒有後代的人才最關心後代。

成家早於立業的人，對子女非常溺愛，他們不但將子女視為家族的繼承人，也將子女視為事業的繼承人，因此對子女的教育和成長也就放任自流了。

父母對子女往往有所偏愛、做不到一視同仁，有時甚至偏心到不合理的程度，做母親的尤其如此。正如所羅門所說的：如果兒子聰明，那麼他的父親就會喜笑顏開，如果兒子愚笨，那麼他的母親則會感到羞愧難當。世人都認識到，如果一戶人家有眾多子女，那麼在他們當中往往是年齡最大的最受到重視，年齡最小的最容易受到縱容，而年齡居中的孩子在某種程度上最容易受到忽略，然而往往都是居中的孩子最有出息。

如果父母在孩子的零用錢上過分吝嗇，那將會有害無益，會使孩子變得卑劣，學會欺詐哄騙，甚至結交一些品行不良的朋友，等到將來有錢時便會揮霍無度。所以最好的經驗是：父母應該在權威不受損害的前提下，還要保持孩子的錢包不會乾癟。成年人都喜歡在孩子小時候鼓勵兄弟間的競爭，但這種做法卻往往會造成他們成年之後失和，破壞家庭的和睦。

義大利人對子女和侄甥以及其他血親的孩子很少做區別，只要是血親，就一視同仁，親密無間，這很值得提倡，因為自然的血統關係大都如此。也就是說，在秉性上的情況也大抵如此，以致於我們會看到，有時一個侄子在脾氣上會更像他的叔叔或者親屬，而不是像他自己的父親。

孩子的可塑性最大，因此家長宜及時為他們確定將來從事的職業並加以培訓，但也不可過分遷就兒女的心願，以為他們會為早年的喜好而奮鬥終生。倘若子女有強烈的喜好和超人的天賦，則不妨順其自然。常言說得好：「立志宜高，習慣會使你走得輕鬆自如。」

　　在一個有眾多兄弟的家庭中，弟弟通常會獲得成功，而哥哥被剝奪繼承權的情況則非常少，或者說從未發生。

【賞析】

　　〈論親情〉其實是一篇提醒父母如何對待孩子的私語。培根用細膩的筆鋒披露了父母對待孩子不公平的事實，進一步闡述父母的偏袒孩子定會給孩子們帶來不利的後果。再舉例來表明自己的觀點：父母們應當向義大利人學習，學習他們對待孩子的一視同仁，最後向父母們提出建議，教導孩子宜早，宜根據他們的個人興趣愛好，為其設計人生的宏偉藍圖。

論婚姻與獨身

通常來說，擁有妻子和孩子的人，可以說對命運之神付出了抵押品。因為家庭成了偉大事業的影響因素，或是好的動力，或是一種危害。

的確，對於大眾最有益的豐功偉績，都是出自未婚無子女的人士，他們在情感和經濟上都已嫁給了大眾，並陪上了嫁妝。那種有家室的人需要計較將來的收穫，因為他知道自己已經付出了抵押品。

有一些人更喜歡過獨身的生活，所以他們也只關心自己，並且認為未來與自己無關。不僅如此，還有一些人，他們把妻子兒女僅僅看做是要償還的帳單。甚至，還有一些富有而愚蠢的守財奴竟以無後自豪，因為他們那樣就顯得更富有了。他們或許聽見有人說「某某是個大富翁」時，其中便有人反駁說「是又怎樣，他有很重的兒女負擔」，好似在說子女抵銷了他的財富一樣。

不過大多數願意過獨身生活的人，最大的原因是為了擁有自由，為了保持自身的快樂和輕鬆的幽默感。尤其是對那些妄自尊大、性情乖張的人而言，他們對各種約束過於敏感，差不多連身上的皮帶和吊帶都視為枷鎖了。

毫無疑問地，獨身者也許可以成為最好的朋友，最好的主人，最好的僕人，但作為國民，就不一定讓人稱道了，因為他們動輒遠走高飛，而且，幾乎所有的亡命之徒都屬於這種情況。

僧侶和修士比較適合獨身生活，因為他們的慈悲如果先給予家庭，就很難布施於眾生了。但它對於法官和政府官員卻無所謂，因為假如他們輕浮而敗壞，則其身旁的一個壞隨從所產生的惡劣影響，將遠遠勝過其妻子的教唆。

對於士兵而言，一般情況下家庭的榮譽可以激發士兵的鬥志和勇氣。相比之下，土耳其士兵的鬥志差、士氣低落，與不重視婚姻和家庭的風俗有關。無疑地，妻子和兒女是對人性的一種磨練。獨身人士在許多時候雖然更好樂施助人，乃因其資產經得起開銷；而在另一方面，他們也較為殘酷無情（適合做嚴厲的審訊人），也因其仁厚之柔情常常無從發揮。

一種好的風俗，能教化出情感堅貞嚴肅的男子漢，就像尤利西斯（編按：荷馬史詩《奧德賽》中之英雄）那樣，他曾經抵制美麗女神的誘惑，保持了對妻子的忠貞。貞節的女士常常驕橫而剛愎，好像是在張揚其貞節。相信丈夫精明的妻子，其維繫婚姻之最佳方法是保持忠貞和順服；但當她發現丈夫有醋心時，她絕不會用這種方法。

　　在人的一生中，妻子乃是青年時代的情人，中年時代的伴侶，老年時代的護士。所以，願意的話，人何時都有娶妻的理由。

　　但有一位智者，當被問到：「人當何時結婚？」他答道：「年輕時不需要，年老時不必要。」

　　我們時常能看到一些壞丈夫卻擁有一個非常好的妻子，這或許是因為她們的丈夫偶爾很體貼，所以也就顯得特別難能可貴。或許是因為，做妻子的為自己的耐心感到自豪。但有一點錯不了的，就是如果選嫁這些下作的丈夫，是出自為妻者當初不顧親友之忠告的自作主張，那麼她們就只能將錯就錯，為自己的選擇付出代價。

【賞析】

　　婚姻與獨身，這是一對矛盾的統一體，許多人都會質問，做為某個人的另一半，久而久之，尚能擁有完整的自我嗎？的確，想要求在兩人世界中，擁有個人的空間和自由，大大不易，這已經成為目前兩性親密關係中，難度最高的挑戰性課題了。培根在此文中闡述了婚姻對人生的影響，指出了適宜獨身的人群。

論嫉妒

如果人的情感中沒有愛情和嫉妒，還有什麼可以令人著魔和神魂顛倒？這兩種感情都有著強烈的欲望，善於用想像和暗示創造出自身，並且足以迷惑當事人的心靈和雙眼——如果真有巫蠱存在的話。

我們知道，在《聖經》中把「嫉妒」叫做「魔鬼之眼」，而占星家則把它稱為一顆「災星」。這就是說，嫉妒的行為能把凶險和災難投射到眼光觸及的地方。

不僅如此，在被嫉妒之人最為得意的時候，嫉妒之毒眼傷害人最為兇狠，一方面是因為這個時候促使嫉妒之心更加強烈；另一方面是在這個時候被嫉妒者最為脆弱，最容易受到打擊。

讓我們來研究一下哪些人容易嫉妒別人，哪些人容易遭人嫉妒，以及大眾的嫉妒與私人的妒忌有何不同。

品德惡劣者必定會嫉妒道德高尚的人士。一個人如果自身沒有優點，往往就嫉妒別人的優點。人的心靈如果沒有從自己的德行或者他人的邪惡中得到滋養，就會從折磨他人中獲得。他如果沒有希望建立自己的德行，就會透過攻擊他人、敗壞別人幸福的手段來安慰自己。

嫉妒者必定喜歡打探他人隱私痛處，他們特別關心別人的原因，並不是因為這些事情與他們的切身利害有什麼關係，而是為了從別人的不愉快和不幸中得到一種慶幸的愉悅。如果他專心於深入自己的事業，就沒有時間嫉妒別人。因為嫉妒是一種蔓延的情緒，四處遊蕩，專找那些無所事事的人。因此諺語說得好：「多管別人閒事者不安好心。」

世襲貴族明顯嫉妒新貴飛黃騰達，因為兩者間的距離改變，而這一切有如視覺上的錯覺一樣，明明是別人往前來了，看起來卻還以為是自己在後退。有某種缺陷並且不容易克服的人——如身障人士、宦官、老人或私生子——容易嫉妒別人的健全。自己的缺陷弱勢無法得到有效的補償，那麼他們就透過傷害別人的幸福來求得心理的慰藉。但是當一個人具有偉大品格的時候，

缺陷就不會在他身上有如此作用。相反地，品格的力量能夠讓缺陷轉化為光榮——頂著殘疾的痛苦和恥辱完成偉大的事業，令人更加佩服，歷史上不乏其人，納爾塞斯（東羅馬帝國將領）和帖木兒（蒙古名將）就曾如此。

另外，那些自身經歷過許多災禍和苦難的人，嫉妒情緒也容易產生。這種人需要用別人的失敗去抵償自己所經歷的那些痛苦。虛榮心甚強的人也容易產生嫉妒，特別是當他看到別人在某項事業方面比他自己強的時候。所以熱愛藝術的皇帝哈德良（古羅馬皇帝），就因為某些詩人、畫家和其他藝術家在藝術方面超過自己而非常嫉妒。

最後，當同事之間如果有人獲得升遷，也容易激發嫉妒的情緒。這很好理解，別人由於表現優秀而獲得升遷，這就反襯出一個同事在這些方面的能力不足，刺傷了他們的驕傲自尊或者虛榮心。在這種情況下，彼此越瞭解親密，這種嫉妒心也相應地越強烈。

人可以接受一個不相干的人由卑賤到富貴，但無法容忍一個身邊的朋友發跡。因此，只是由於嫉妒，該隱殺死了他的親弟弟亞伯（編按：該隱與亞伯的故事出於《聖經》，他們是兄弟，由於該隱嫉妒其弟亞伯，遂殺之）。

哪些人能夠避免嫉妒呢？這個問題值得探討。從上面我們不難發現，嫉妒通常來自自身與他人的比較。因此，唯我獨尊的皇帝通常不容易被人嫉妒，除非對方也是皇帝；一個品德非常高尚的人不容易招人嫉妒，他的美德越多，招來的嫉妒越少，因為大家清楚由美德得來的幸福來自他們的修煉苦行，這是他們應得的。

另外一方面，出身卑微下賤的人飛黃騰達一定會受人嫉妒，這種嫉妒一直要持續到人們接受認可，並習慣了他的這種新地位為止。同樣地，一個富家公子也容易招人嫉妒，因為他不需要經過艱苦的努力而坐享其成；反之，出身世代豪門的公子不容易被嫉妒，因為他們優越高貴的血統已被大家承認。同樣的道理，一個從底層循序漸進慢慢升上來的人，也不容易招人嫉妒，這是因為人們將這種升遷視為理所當然。

因為人們看到歷盡千辛萬苦換來的幸福是如此不易，所以大家也不嫉妒，甚至同情他們。

同情心永遠是治癒嫉妒的良藥。所以，你應當留意那些老謀深算的政客，他們在官運亨通時，還總是向別人訴苦，哀嘆自己過的是什麼日子，簡直是在活受罪這樣的腔調。事實並非如此，這只不過是用來消除別人嫉妒情緒的一種方法而已。不過要清楚，此種哀嘆是針對那些由別人添加的事情而言，而不是指自己請求那些工作，因為最能夠增強嫉妒的事，莫過於野心勃勃地大權獨攬。而最能夠消除嫉妒的事情，莫過於大人物讓他的下屬擁有充分的權力和地位。憑藉這種手段，就在他與嫉妒之間樹立起了幾種屏障。

相反的是，那種目空一切的大人物是最容易招來他人嫉妒。這種類型的人想方設法要在一切方面炫耀自己的優越感，不加掩飾地炫耀，或驕傲地想把所有競爭者打倒，他們都不是真正的聰明人。真正的聰明人明白人類嫉妒的大忌，知道要留一點餘地，有意讓別人在無關緊要的事情上勝過自己。但是從另外一方面來說，具有特權和優越地位的人想要他人的嫉妒少一些，與其虛構地掩飾，莫如坦率誠懇地坦白自己（一定要注意不要表現出驕傲與浮誇）。

因為一旦暴露出自己的虛偽掩飾，似乎讓別人益發認為他不配享受自己得到的幸福，這種作假簡直使別人更加嫉妒他們。

讓我們回過頭看看前面說過的一些東西吧。首先，我們說過，嫉妒像巫術，讓人神魂顛倒，蠱惑人心。照這樣說，要避免嫉妒，是不是也要用點巫術，所謂嫁接，就是把容易引起嫉妒的事情轉移到別人身上。有許多明智的大人物懂得這一點，並且做得很巧妙。如果有拋頭露面、風光無限的事情，都推出別人作為替身，享受這種榮耀，自己卻在幕後操縱一切。在這種情況下，群眾的嫉妒都轉移到了替身身上，而且，樂意扮演替人出風頭的木偶的人大有人在。

其次，再來討論一下前面提到的公妒。什麼是公妒？公妒比私妒還具有一定的價值，公妒可以強迫大人物收斂與節制，就如古希臘時代的流放懲罰。

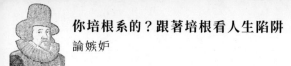

　　所謂「公妒」，其實也是一種公憤。公妒對於一個國家來說是一種嚴重且具有危險性的疾病。如果民眾對他們的領導者產生了這種公憤，那麼再好的政策也將受到唾棄。因此，如果統治者喪失了民心，即使為民眾辦好事，民眾也不會擁護，人民將把這種好事視為一種統治者的怯懦，一種對公憤的畏懼——糟糕的結果就是，你越是想避免它，壞事越是找上門。不過這種公妒或公憤，往往只是針對統治者個人的，而不是針對政治體制本身。但必須記住這樣一條定律：一旦這種公憤已擴展到幾乎所有執政者身上，這個國家的政治體制就越發可危。

　　最後應當做一些總結：嫉妒恐怕要算做人類所有情感之中最頑強、最持久的情感了。所以古人有句名言：「嫉妒永無停歇。」同時還有人指出，愛情與嫉妒也是所有情感中最令人消瘦的；但與愛情相比，嫉妒畢竟是一種卑賤下作的情慾，因此它屬於惡魔。《聖經》中說過，魔鬼要趁著黑夜在麥地裡撒上種子（出自《馬太福音》第十三章第二十五節）的原因，就是因為他嫉妒別人的收穫！

　　的確是這樣啊！就像用野草毀掉麥子一樣，嫉妒這魔鬼總是在黑暗中悄無聲息地損害好事！

【賞析】

　　嫉妒就一個人來說，好比身上的一顆毒瘤，任其發展會毀人心性；而就社會來說，如果一個社會中，嫉妒之心成風，那麼這個社會離崩潰也就不遠了。

　　培根用了大量的篇幅對嫉妒的危害性進行闡述，又列舉了幾種躲避遭人嫉妒的方法，簡單實用。在文章的最後，培根為嫉妒這種行為下的定義便是：嫉妒這魔鬼總是在黑暗中悄無聲息地損害好事！

　　一個普通人，難免會有或多或少的嫉妒心理，但與其痛苦地妒忌別人，還不如在為別人大聲喝彩的同時，自己悄悄地努力、奮鬥。

論愛情

透過比較我們很容易發現：舞台上的愛情往往比生活中的愛怨悲歡更值得觀賞。因為在舞台上，愛情是喜劇的素材，有些還是悲劇的素材，而在生活中，愛情卻總是招惹是非，有時簡直就像一個妖婦，有時則像一位復仇女神。

值得我們注意的是，從古至今，所有偉大和尊貴的人物，只要是我們知道的，沒有一個是因為受到愛情的誘惑而變得昏庸。由此可以看出，偉大的人物和偉大的事業，的確可以和這種孱弱的感情毫不沾邊。然而，有兩個人必須被視為例外，一個是曾經作為羅馬帝國兩個統治者之一的馬克‧安東尼，還有就是作為十大執政官之一，擬訂法典的阿皮爾斯‧克勞迪亞斯。前者的確是一個好色之徒，放縱無度，後者卻是一個莊重明智的人。所以，雖然不多見，但看起來，愛情不但可以對不設防的心長驅直入，即使是嚴陣以待的心，如果把守稍有鬆懈的話，也照樣隨時進駐。

哲人伊比鳩魯說過一句聽起來難免有些蹩腳的話：

「我們彼此都值得對方觀賞。」

人好像一生下來就應該注視著天空和一切高尚的東西，並且開始進入沉思，然而人們往往只會跪在一個小小的偶像面前，使自己成為一個懦弱的臣服者，儘管不是受制於嘴，卻也受制於眼睛的，而之所以給他眼睛，本來是為了更為重要的目的。

一件奇怪的事情是，過度的愛情必然會誇張對象的性質和價值，這時，浮誇諂媚恭維之辭總是成為愛情的潤滑劑。而在其他場合，同樣的詞令就不是那樣了。有一句話說得好：「人們總是把最好的奉承之辭留給自己享用。」——不過，對於愛人的恭維是永遠的例外。

因為再驕傲的人，也不會像情人所愛的人那樣，那麼的看好自己，甚至到了滑稽可笑的程度，因而古代的賢人說得好：「既想戀愛又想明智是不可

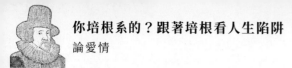
能的。」這個弱點也並非僅僅是別人看得出來，而被愛之人看不出來，除非那個愛是相互的，否則被愛的人更應該看得出來。

有這樣一條鐵律，愛情所能夠得到的回報，從來都是要麼得到愛，要麼得到對方在內心深處陰暗的蔑視。因此，人們更應該小心對待這種情慾，它不但會使人失去其他東西，就是連愛情也保不住。至於其他方面的損失，詩人的史詩刻畫得好極了，就像那個喜歡海倫的人放棄了朱諾和米娜瓦的禮物，凡是沉迷於愛情之中的人就會失去財富和智慧這兩樣東西。

人的心靈在最軟弱的時候，愛情最容易入侵，那就是當人們在春風得意、忘乎所以和處境窘困、孤苦淒零的時候，雖然在後一種情境中不容易得到愛情，但是，人在這樣的時候卻最急於跳入愛情的火焰中。由此可見，「愛情」確實是「愚蠢」的兒子；但有一些人即使心中有了愛，卻仍能夠約束它，使它不妨礙重大的事業。因為愛情一旦干擾了事業的發展，就會阻礙目標的實現。

不知道是什麼原因，許多軍人很容易墜入情網，也許這正像他們嗜好飲酒一樣，是因為危險的生活需要快樂作為補償。

人性中有一種潛藏的愛人傾向，若無具體對象能關注，便會撒向大眾，使人變得仁厚而慈善，正如有時在天主教修士身上所見的情形那樣。

夫妻的恩愛，使人類得以繁衍；朋友的友愛，使人得以完善；但那些荒淫縱慾的愛，卻只會使人走向墮落毀滅。

【賞析】

愛情，在人們的眼中一直是一個美好而又神聖的字眼。在人們看來，它是純潔、甜蜜的象徵。古往今來，讚美愛情的佳句不勝枚舉。熱戀中的人們往往感覺自己已經擁有整個世界。故而有人說：熱戀中的人智商為零。我們可能不知道如何教年輕人明智地去愛，但培根做到了。培根除了告誡大家熱戀中要警惕那些，盜用愛情名義進行感情欺詐的卑鄙小人時，更談到了愛的種類與後果。夫妻之間的愛、朋友之間的愛，以及那些荒淫縱慾的愛，培根對此都有精彩的論說。

論權位

　　那些身處高位的人成為了三重意義上的僕人——君主的僕人、名望聲譽的僕人以及自己事業的僕人。所以，他們沒有自由——沒有主宰自我的自由，沒有隨意言行的自由，也沒有支配時間的自由。

　　為追求權力而不惜犧牲自由，或者為追求駕馭他人的權力而犧牲自我，這種欲望真是令人莫名其妙。升遷高就的過程是極其艱辛的，要吃不少苦，但升得越高，得來的苦越多；而且升遷過程有時還是見不得人的，因其借用卑下的手段，使人變得尊貴。

　　位高易傾，輕則官場失意，重則身敗名裂。今非昔比，生復何為？真是可悲可嘆。人想退時退不了，該退時又不肯，而退了的人卻又不甘退隱，即使處在老弱病殘之中，本是需要庇護的時候，亦是如此。就像市鎮裡的老頭兒一樣，偏偏喜歡臨街而坐，不惜被人嗤為老朽。

　　官居高位者只有透過他人的看法，才能認識到自己的幸福。倘若按其真切的感受，並無任何幸福可言。但要是一想到別人怎麼看自己，別人對於他們所處地位的嚮往，那他們就好像從這些傳聞中得到快樂，雖然他們自己內心的感受恰恰相反，因為他們是最先發現自己悲哀的人，儘管他們又是最後一個看出自己過失的人。無疑地，高貴的人看自己都是生疏的，且身處事務的忙亂之中，無論是對自己身體的或是心靈的健康，他們都沒有時間去照料。塞內卡在《提埃斯特斯》裡說：「如果有人死時名揚天下，卻不瞭解自己，那就死得太慘了。」

　　高官重權，可以為善，亦可以為惡。作惡將遭到詛咒，因此對作惡而言，最好是無慾為之，其次就是無力為之。但行善之權力仍是正當的、合法的憧憬。善良的意念雖蒙上帝悅納，但要是不實行，只不過是好夢一場而已，而行善若沒有權勢作為後盾則不可。

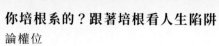

人生的夙願無非是建功立德，若功德圓滿則足以自慰。如果有人能成為上帝劇場之參與者，那麼他同樣是上帝之安息的共享者。「上帝看著一切所造，覺得都甚好。」（引自《舊約．創世記》第二章）然後就到了安息日了。

剛當官，就應該吸取反面的教訓，尤其要從先前那些不稱職者身上吸取教訓。需要說明的是，這樣做不是為了貶損失敗者，而只是為了作為前車之鑑，避免再犯類似的錯誤。同樣地，有權位者如果進行改革，也不是為了否定過去，而是為了留給後人更好的將來。

因此，要進行改善，當不做聲張，也不誹謗過去及前任個人，而要為自己訂立制度，且要創立後人可效法的良好先例。凡事都要追到最初的根源，且要究其退化原因和方式。但要顧及兩點：當初什麼是最好的，什麼是最適宜的。

要想方設法讓你的做法有章可循，這樣人們就可以事先知道會發生什麼事情了，但切不可過於武斷和盛氣凌人，當你偏離了自己的規則時，你一定要將原因解釋清楚。

維護自己的職權，但不要糾纏任何權限的問題；寧可悄悄地操縱實權，也不要吵鬧著苛求名分。同樣也要維護下屬權利，就尊榮而言，與其事必躬親，不如運籌帷幄。歡迎並邀請一切與行使職權有關的幫助，對那些通風報信的人，不要視為搬弄是非者，拒之門外，而要樂意接待。

觀察一下那些身居高位的人，我們就可以發現他們通常會有四種毛病：拖延、貪汙、粗暴和愛面子。說到拖延，想要避免它，就應該讓自己給人平易近人的感覺，約會時尤其該遵守時間，處理手頭上的事情應當一氣呵成，不到萬不得已，絕不要將幾件事情放在一起考慮。

談起貪汙，不僅要約束自己及隨從不受賄，還要約束求情人不行賄。因為正直只對自己有作用，但樹立正直的形象，加之對賄賂深惡痛絕的名聲，則對他人一方有作用。不但要避免受賄之事，也要避免其嫌疑。凡被認為反覆無常，以及無明確原因，卻在明顯地改弦易張，就易引致貪汙嫌疑了。因此每當你改變主意或方針時，一定要將變化的理由公開宣告，不要企圖蒙混。

如有下屬或親信與你關係特別密切，他們卻沒有明顯的可稱道之處，這就易為人視為暗行貪汙的旁門左道。

關於粗暴，掌權者應該知道這比嚴厲更令人生畏，驕橫卻只能惹來怨恨。所以身處高位者不到萬不得已不要喝斥下屬，如果勢在必行，態度要端正嚴肅，注意不要有嘲諷口氣。

被欺騙的害處要比受賄更嚴重，因為賄賂只是偶然，但如果糾纏和情面可以左右一個人，那他就會一直受面子牽制。如所羅門所言：「不要講私情，這沒有好處，因為它使人為了一塊麵包而破壞整個法律。」

有古語說得極有道理：「當官便知其為人。」有些人當官比為人更好，有些人更差，的確是這樣。塔西佗曾經這樣評論加爾巴：「要是他從未做過皇帝，人家也會認為他應該做皇帝。」但他論維斯帕先時卻說：「在所有皇帝中，唯有維斯帕先一個人，是在當皇帝後變得更好。」前一句指統治能力，後一句則是指氣度及情懷。

無論是誰，有了權位卻還會改善，就足可證明其人格之高尚、心胸之寬闊了。因為，權位就是，或者說應當是德政之所在，如大自然一樣，當事情進入正軌時，此運動最為劇烈，而上軌後就變得和緩了。所以朝著權位奮鬥的德行正當沸騰，而掌權時的德行卻是安穩平和。

所有往高位的晉升，都有如登上一個旋轉的樓梯一樣，要是遇到派系之分，最好在往上爬時加入一派，爬上去了就要不偏不倚。應善意而公平對待前任的名聲，因為不如此做的話，就成為一種債務，等你要離開的時候就非還不可。有同事的話，當尊重他們，寧可在他們意外時召見他們，也不要在他們有事相求時不予考慮。但在談話中和私下答覆求情人的時候，不要念念不忘你的地位，相反地，最好由人家說：「他工作起來是另一個人。」

【賞析】

公正成功的領導者是以表現自己贏得別人的尊重，而不是發號施令。尊敬別人也可以贏得別人的敬意，以此黃金條例來待人，你便會贏得別人的尊

敬。倘若渴望擁有高於他人的權威，那麼，首先你得證明自己的價值。你必須表示自己關愛他們，會永遠注意他們應有的利益。

優秀的人總會在滿足了團隊的需要之後才考慮到自己。掌權者享有特殊的權力，這是應該的，但對於這種特權，與其炫耀，不如默享，這也是培根對位居高位者的告誡。

論勇敢

曾經有人請教希臘雄辯家狄摩西尼（編按：古希臘雅典偉大的演說家，據傳天生口吃，為了改變這種不利的情形，他口含小石子故意到喧鬧的海濱練習發聲，最後終於成功）：「一個演說家最重要的才能是什麼？」狄摩西尼回答說：「表情。」又問：「其次是什麼？」「表情。」「再其次呢？」「還是表情。」這個故事很普通，但仍能引人深思。

狄摩西尼是個著名的演說家，但是他對於他自己所如此推崇的才能——表情，卻不是很擅長。那他為什麼還要把「表情」放在如此高的地位上，而比如吐字明快、語言的獨創等都要重要得多呢？乍看起來好像是一件很奇怪的事，但只要深思就會悟出其中的道理。在人類的本性中，愚昧總是多於才智，而做作的表演往往能打動庸眾的心，這正是巧妙地利用了人性中愚蠢的一面。

與此相類似的便是政治上的勇敢。如果有人問什麼才是政治上最重要的才能，那就應該是「勇敢」了，第二和第三呢？還是「勇敢」。儘管勇敢是無知和無恥的產物，根本不能和其他能力相提並論，然而，它的確可以迷惑和牽制那些絕大多數目光短淺和膽小的人。即使是聰明人，也常常會被一時的糊塗麻痺。因此我們可以看到，勇敢在共和制度的國家創造了奇蹟，但在元老制度或君主制度的國家卻表現平平。還有，勇敢從來都是在勇敢者第一次出現時就會有奇效，後來就沒有什麼了，因為勇敢的行為從來都不能兌現基於勇敢所作的承諾。

的確，如同有「賣狗皮膏藥」的人替人治病一樣，也有賣狗皮膏藥的人為國家治病，這類人信誓旦旦要改革積弊，或許能在兩、三次試驗裡撞上好運，但他們卻欠缺知識的根基，故無以持久。

不僅如此，你還會看到一個勇敢的人多次創造出穆罕默德式的奇蹟。穆罕默德讓人們相信，他可以把一座大山召喚到面前，他要在山頂上為遵守他律條的人們祈禱。人們聚集在一起，穆罕默德一次又一次召喚那座大山到面前，但是，那山卻一動也不動，他卻一點也不感到窘迫，而是說道：「如果，

山不肯到穆罕默德這兒來，那麼穆罕默德就只好到山那兒去了。」所以這些人，當他們做出重大的許諾，而又因為失敗而無法兌現的時候，他們就會把它忽略，並且轉變立場，他們不會為此而煩惱。同樣地，那些政治上的江湖騙子，當他們大膽承諾的奇蹟不體面地破滅時，也可能也會採用這種辦法吧。

對於那些擁有卓越判斷力的人來說，膽大妄為的人只是一種作為消遣的笑料，即使對普通人而言，勇敢者也是有點離譜。如果荒唐是笑料的素材，它就會讓你確信，名副其實的勇敢一定包含著幾分荒唐。尤其值得一提的是，勇敢者在失去面子時，就會神情萎縮、呆若木雞，而膽小者失去面子時，卻還有迴旋的餘地。勇敢者在相似的境遇中，就會進退維谷了，就像西洋棋中國王被困的僵局一樣，雖然還沒有被將死，但卻動彈不得。不過，這後一種適合於寫進諷刺小品中，而不適於寫進較嚴肅的話題裡。

勇敢永遠都是盲目的，因為它看不到其中的危險和麻煩。所以，把勇敢運用在決策上非常有害，而用在行動中則十分有利。基於這一原因，對勇敢者應當知人善任，永遠不要讓他們作統帥，而只可任用他做一名副手，而且要讓他服從他人的指揮。

在策劃一件大事的時候，必須能預見到危險，而在行動時則最好不計風險，只要這些風險不是太大，不致於造成巨大損失甚至毀滅即可。

【賞析】

說一個人勇敢，在一般人看來是對這個人的一種讚揚，但勇敢者未必就是一個賢能者，因為隱藏在勇敢者背後的可能就是盲目、狂妄與無知。

培根亦說：「對勇敢者應當知人善任，永遠不要讓他們作為統帥，而只可任用他做一名副手，而且要讓他服從他人的指揮。」

論仁慈

仁慈的含義可以解釋為造福人類，也可以說是古希臘哲學家所謂的「仁」，或者「人道精神」，但是這兩者表達仁慈的意義還不夠深刻。

仁慈是一種習性，而仁慈的天性是一種傾向。仁慈善良，是人類一切精神和道德品格中最偉大的一種，是神性的一種。如果人不具有這種品格，人類不過是一個忙碌而有害、可憐而可惜的傢伙，比一隻寄生蟲好不了多少。行善符合神性的仁慈，它也許會看錯對象，但卻永遠不會過分。

過分的權勢慾曾使天使路西法墮落成魔鬼撒旦（編按：《聖經》中的故事。傳說撒旦本是天使，為了篡奪上帝之位，而墮入地獄，成為魔鬼）。過分的追求口慾也曾使人類的祖先失去樂園（編按：《聖經》中的故事。傳說人類的始祖亞當、夏娃在天堂中，受蛇的引誘，偷吃了智慧樹上的果子，於是被上帝逐出伊甸園）。唯有善良仁慈的德行，無論對於神或人，永遠不會因過分而成為危險的東西。

向善的傾向深深烙印在人性裡。仁慈是如此根深蒂固，以致這種仁愛之心不施於人，也會施之於其他動物上。就像我們在土耳其人身上看到的，他們作為一個野蠻民族（編按：這是培根對落後民族的誣衊之詞，反映了他歐洲中心主義的民族觀點），對狗和鳥等動物卻很仁慈。根據伯斯貝斯（荷蘭旅行家）的記載，在君士坦丁堡，因為虐待一隻鳥，一個歐洲女人差點被當地人用亂石砸死。

的確，人性中這種仁慈或者善良的特性，有時也會犯錯。所以義大利有句很不禮貌的嘲諷話：「他因為過分善良而變成了廢物。」義大利的一位博士馬基維利（編按：義大利政治思想家和歷史學家，文藝復興時代義大利著名政論家，著有《君主論》等），用足夠的自信寫下了這樣直白的話：「基督教的教義使人成為軟弱的羔羊，成為殘忍和不公的犧牲品。」他這樣說的原因，確實是因為基督教比任何其他法律、宗教或學說都更鼓勵人性的善良仁慈。為了避免因為過於善良而遭到恥辱和危險，我們需要認識到在善良這種習性下潛在的巨大危險。與人為善，但是不要被有些人的假面具所蒙蔽。

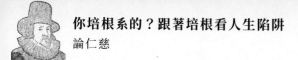

善良變成了可笑的輕信和軟弱，使老實人因為好心而上當。我們絕不應該將一顆寶石贈給《伊索寓言》中那隻公雞──因為一顆大麥粒更能讓牠滿足幸福。

萬能的上帝曾經這樣教育過我們：「天主普照陽光，給好人，也給壞人；普施雨露，為了好人，也為了惡人。但上帝絕不把財富、榮譽和才能像陽光雨露一樣普照普施，平均分配。」

福利應該屬於所有人，而特殊的利益卻必須有所選擇。另外應該注意的是，我們在做好事的同時，不要先毀了自己。神性的啟示是：要像別人愛你那樣愛別人。──「去賣掉你所有財產，贈給所有人，然後跟我走向天堂」（《馬可福音》第十章第二十一節）。但除非你已經決定要追隨神的腳步，否則還是不要賣掉你的所有財產；除非你已經聽到了神的召喚，否則不要做出如此多的善行換來很少的結果，不然就好像用自身細小的泉水，灌溉乾涸的河流一樣徒勞無益。

所以人心固然應該善良，行善卻應該在理性的正確指引下。人性中有向善的傾向，也有另外一面──向惡的傾向。人性中也有狠毒的一面，狠毒的天性不會使人行善。

那種魯莽、急躁、固執的個性，還不是人性中最壞的一面，最惡的天性乃是嫉妒甚至危害他人。有一種人專門落井下石，甚至專門為人製造災禍以生存──他們簡直不如《聖經》裡那條以舔拉撒路惡瘡為生的惡狗，更像那種至今還在嗡嗡飛著、吸吮腐爛事物的蒼蠅。

這種「惹人厭惡者」，與雅典的泰門正是相反的類型（編按：泰門，古希臘哲學家。泰門憤世嫉俗而看不起人類，曾對雅典人說，我園中有一棵樹，就要砍掉了，誰願意上吊請趕快去）──雖然他們的花園裡並沒有一棵供他人上吊的樹，但所作所為卻與使人上吊無異，這種情況正是人性中的極惡。也許這種人在政治中不失為一塊最適合的材料，他們猶如彎曲的木頭，可以造船，卻不能做建房的棟梁。船注定要在海裡沉浮顛簸，而房屋卻必須能堅定立住。

善良是由許多部分組成的，也有各式各樣的標誌。如果說一個人親切高尚，對陌生人也謙恭有禮，那麼這說明他可以成為一個「世界的公民」──他的心沒有國界，與五湖四海大洲大洋相通。如果他能夠同情其他人的痛苦不幸，那他的心必定美好得像高尚的杜仲，那種不惜自己受傷流出香液，也要為人療傷的珍貴樹木。如果說他很容易原諒、寬容別人的冒犯，就證明他的心靈能夠超越於一切傷害，所以他從此不易被傷害。如果他感謝別人對他的微小幫助，那就說明他更重視的是人的心靈，而不是無價值的錢財。最後，最重要的是，如果一個人能像《聖經》中的聖保羅那樣盡善盡美，為了拯救兄弟同胞寧願忍受神的詛咒──乃至不怕被逐出天國（見《新約·羅馬書》聖保羅說：「為我弟兄，我的骨肉，就是自己被詛咒，為基督分離，我也願意。」），那麼他就必定具有非凡的品格，進而與耶穌一致了。

【賞析】

凡是追求真善美的人，必須躲開「惡」，並且準備與公眾的評判對抗。生活並不僅僅是「吃虧是福」的問題，敢於善良也不是敢於吃虧。善良常常無損失可言。作為一種天性，善良的人往往能化險為夷，就如培根所說：倘若一個人能像聖保羅那樣盡善盡美，那麼他就必定具有非凡的品格，與神一致。

論貴族

當我們談論到貴族這個論題時，會從兩方面討論，首先是關於貴族階級在國家中的地位，其次是關於貴族本身的特質。

一個完全沒有貴族的君主國家，永遠都是一個純粹絕對的專制國家，如土耳其的情況，貴族的存在令專制得到緩和。因為貴族掌握了部分人民，也就減弱了君主的勢力。

但是，民主制度的國家不需要貴族，且與有世襲貴族的國家相比，還更和平，更少叛亂活動。因為人們的視線是在事情上，而不是在人上；或者，就算在人上，也是為了事業，藉以看誰最稱職，而不是為了看血統及門第。我們見到瑞士儘管宗派林立、轄區分散，卻長治久安。因為維繫他們的是共同利益，而不是地位和名分；荷蘭的共和制度實施得非常好，也是因為他們實行平等。公民權利平等，因此少了許多紛爭，平等下的付出與獲得都令人愉快。

堅實的貴族制度雖然可以鞏固國威，但也會因此而削弱君主權勢，固然為人民注入了活力，卻也榨取了他們的福利。恰到好處的情況是：貴族強盛而不致凌駕於王權和國法之上，又有一定的地位，這樣當人民起鬨時，其矛頭在過早直指君王的尊嚴之前，先有貴族抵擋。一國之中，貴族過多會引致貧窮和困難，因為這是一項負擔過度的開支；而且在另一方面，由於貴族中有許多人必然會衰落致貧困，就造成一種名號尊貴但財富貧乏極不相稱的情況。

就單一貴族的地位來說，設想一下，當看見一座古堡或古建築未見破敗，或一棵參天古樹枝茂葉盛時，是多麼令人肅然起敬。那麼，要是見到一個飽經風霜而屹然不倒，高貴而久遠的家族時，仰慕之情不知甚幾何！新興貴族不過是因權力而誕生，世襲貴族卻需要時間造就。

那些在貴族世家中第一代晉入此階層的先人，多是才高志強而品德不夠清白的人，因為如果不是黑白兩道並用，很難飛黃騰達；但他們唯有優點長存在後人的記憶中，缺點則隨他們一同消亡了。

出身貴族家庭的人往往不能吃苦，安於享樂，好逸惡勞，甚至還會看不起那些終日勤勞的人；此外，貴族個人不可能再更高一級，而那些停滯不動的人，難以在別人發達時不起嫉妒心。另一方面，貴族之名分可消除他人對自己不自覺的嫉妒，因為榮華富貴生來就屬於他們所有。

無疑地，那些擁有貴族的君王，會在任用他們時感到得心應手，令國事更加風調雨順。因為人民習慣服從於權貴，而貴族也有機會施展天生的才幹與優越性。

【賞析】

培根的〈論貴族〉是為統治者服務，他分析了貴族的存在對社會的利弊，同時強調貴族與王權的關係，認為貴族的存在應以不影響王權、又能為王權服務最為理想，認為兩者和諧是確保社會和平的前提。其對貴族產生緣由的分析，和中國人所說：「馬不吃夜草不肥，人不發橫財不富」的理論不謀而合，值得人們深思。

論反叛

作為政治家，應當善於掌握國家政治風險的變化規律。大自然中的風暴來臨之前有先兆，當政治動亂到來之前，也必定會有種種預示的跡象。這就像自然界中的暴風雨，在春分或秋分的時候最為狂暴一樣，在暴風雨來臨之前，經常會颳起沉悶的風，海水會漸漸地波濤洶湧，國家也會有這種情況。

太陽神曾經警告人們：凶殘的反叛即將發生，變節行為和隱祕的戰爭正在醞釀。這時，針對國家的誹謗和放肆的言論頻頻出現，而且是公開的。政治謠言往往不脛而走，這不利於國家，卻往往很容易被人們接受，這些都是動亂的前兆。維吉爾在敘述謠言女神之家世的時候，說「她是偉大巨人們的妹妹」。

傳說中，因為眾神惹怒了大地女神特魯斯，使她怒火中燒，於是生下了謠言女神，她就成了凱歐和恩克拉多斯的妹妹。

我們從這個神話可以看出：謠言好像是歷史上眾神叛亂的遺物。謠言確實是叛亂的序曲，無論怎麼看，維吉爾的話是有道理的，那就是：構成叛亂的行動與推動叛亂的謠言並沒有什麼區別，充其量不過是哥哥與妹妹、陽性與陰性的差別。還有一個明顯的特點就是，在這種情況發生的時候，往往是國家制定出最好政策的時候。本來這是最值得稱讚的事，應當受到很大的歡迎，卻遭到了惡意曲解，這就表明會有很大的怨恨存在。就像塔西佗所說的：「當人們開始對統治者懷有非常大的不滿時，他的所有舉動，無論是好的還是壞的，同樣會使他受到非難。」

這種情形一旦出現，那些以為透過嚴酷的鐵腕手段，就能壓制住這些謠言，並且能防範或根除叛亂的想法，是嚴重錯誤而危險的，因為這些舉措反而可能會成為加速叛亂的導火線。從某種意義上來說，冷靜地處置這些謠言，比設法壓制它可能會更有效。還應當分辨塔西佗所說的那種「服從」，即他們表面上似乎服從，實際上卻是在對政府的法令進行挑釁、爭論，對君主的命令隨意批評和指責，種種的舉動往往是叛亂的前奏，其結局必然會導致無

政府狀態的出現。尤其當全民大辯論發生的時候，如果那些擁護政府的人不敢站出來講話，反對政府的人卻可以滔滔不絕，那麼形勢就會變得更加險惡。

誠如馬基維利所指出，君主應該是各階級的共同領袖，如果他自成一黨，偏向一方，那就好像是一條船，很可能會因載重不均衡而傾覆。這一點在法國國王亨利三世的時代可以清楚看到，他先加入了聯盟，為的是消滅新教徒；不久之後，那個聯盟卻又開始反對他。因為如果君主的權威成了一個目標的幫凶，而且還有其他更加強大的君權約束力，此時國王也就幾乎喪失了他的權力。此外，當紛爭不和、互相攻訐和派系鬥爭肆無忌憚地進行的時候，也就標誌著這個政府的威信已經蕩然無存了。

一個政府各個相關部門的運行，應當像天空中的眾多行星那樣運轉——每個行星既自轉，又服從於統一的公轉。每個行星受到最高層運轉影響後，運轉得非常迅速，但它的自轉則是舒緩的。因此，當高官自主運作得太劇烈，又像塔西佗所說的那樣「放任到了根本不把支配者放在眼裡」的時候，也就標誌著天體離開了運行的軌道。因為威信是上帝所賜，是使君主名副其實的的佩帶。

宗教、法律、議會和財政是組成一個政府的四個重要部門，一旦它們被動搖或者被削弱，臣民就要為國家面臨的動亂祈禱了。下面讓我們跳過關於預測動亂的話題，討論釀成叛亂的各種因素、動機和補救措施吧。

釀成叛亂的因素眾多，值得認真研究，因為預防叛亂的最好方法就是根除叛亂的因素。只要有堆積的乾柴，那麼就很難說它會在什麼時候，可能會由於一個細小火星的掉落而燃成燎原大火。導致叛亂有兩個主要因素：一是貧困，二是民怨。社會中有多少破產者，那麼就有多少潛在叛亂者，這是一個定律。盧卡斯這樣來描述羅馬內戰前的情形：

「由於高利貸侵吞了人民的財產，所以負債者要用戰爭獲得解放。它的到來鼓舞人心。」

戰爭使許多人受益，這就是一個確定而又絕對可靠的跡象，說明一個國家已經有了反叛的傾向。而如果有錢人的富有與平民百姓的貧窮結合，那麼

危險就隨時可能發生且危害巨大。因為貧困和飢餓產生的造反是最強大的造反。至於人民的不滿，在一個國家當中往往會聚集，散發出一種異乎尋常的熱度，並且引起發炎。

君主不能用這種方式衡量不滿帶來的危險，也就是說，這些不滿是否真實公正，因為這樣一來，也就是把人民想像得太理智了，以為他們往往會藐視自己的切身利益，也不能這樣來衡量不滿所帶來的危險，即賴以產生不滿的悲痛在事實上是大是小，因為當恐懼大於感情的時候，不滿也就是最危險的不滿。

「傷心是有限度的，而恐懼則是沒有限度的。」

除此之外，在處於高壓的時候，那些刺激人耐性的事情，依然會壓倒勇氣；但在恐懼的時候，卻並不是這樣。任何君主或者政府，也不可能因為不滿經常出現，或者長久存在，或者因為不滿尚未產生險情，而無憂無慮。因為並非每一團水氣或者霧氣都能夠變成暴風雨，儘管暴風雨通常是安靜的，但終究是要降落下來，而且，就像那句精彩的西班牙諺語所說：「繩子最後被輕輕地一拉扯斷了」

叛亂的原因和動機各式各樣：宗教的改革、稅賦、法律與習俗的變動、特權的破除、壓迫的廣泛、小人的得勢、飢荒、軍隊的解散與黨派之爭的白熱化，以及任何一種激怒民眾，使他們在一場共同的運動中結合在一起的事件。

關於防止叛亂的辦法，我們只能提出某些一般性措施。至於非常有效的救治，必須對症下藥，因此沒有通例可循，而應當交由行政會議處理。

第一種防止叛亂的辦法：就是盡量消除所有可能的致亂因素。在這些因素中，最急於解決的問題是國家的貧窮，因為它最具有威脅性。針對這個目標當採用這些措施：開放貿易並讓它的發展取得良好的平衡，保護並扶持製造業，流放游手好閒的人，按照節約法禁止浪費和鋪張，改良土壤和開墾新的土地，調整控制市場物價，減輕人民的稅賦和進貢等等類似的方法。

一般來說，應當提早注意國內人口不要超過國內的資源儲備，維持人口數量。人口的計算也不要僅僅以數目為準，因為，一個人口少的國家，如果收入少而消費過多的話，比生活節約、儲蓄量大的國家，會更快地耗盡它的國力。因此，貴族顯要增加的速度和數量，如果超過了平民人口增加的正常比例，很快就會把國家拖到貧困的邊緣，而且，宗教神職人員的過度增長也會造成這種局面，因為他們是不從事生產的，而被供養的學者如果多過可以提供給他們的職位時，所造成的結果也是這樣。

我們都知道，對外貿易能促進一個國家財富的絕對增加（國內的財富總是在一些地方得到，又在某些地方失去，進進出出的）。通常人們知道有三種東西是可以進行對外貿易的：一是天然的物產和礦產資源，二是本國製造業生產的產品，三是商船隊。因此，如果這三個輪子都能夠運轉不息的話，那麼財富就會不斷地從國外流向國內。而更重要的一點卻很少有人知道，勞務也能夠創造財富。荷蘭人就是最好的例證，他們的國家並沒有富足的地下礦藏資源，但他們的勞務輸出能力，卻變成了一個創造財富的龐大礦藏。

作為統治者，最重要的事情是採用有效政策，防止國家財富貨幣被掌握於少數人之手。否則，一個國家即使擁有很多的財富，大部分的人民仍將處於飢寒交迫的境地。金錢就好比肥料，如果不撒入田地中，本身是沒有任何用處的。為了使財富均勻分配，就必須用嚴厲的法律來限制高利貸以及商業的壟斷、地產的壟斷。

至於如何消除民怨以及民怨的危險性，我們都知道，每一個國家，都有兩部分臣民：貴族階層和平民階層。當二者中的其中之一產生不滿的時候，危險不大，因為平民如果沒有受到貴族的挑動，那麼他們的動作緩慢，而貴族的力量又弱小，除非民眾傾向於或者願意自己採取行動。因而，當貴族階級等待社會地位低下的人爆發動亂時，他們就可自己表態了，這就是危險產生的時候。

古希臘詩人的神話中曾說，有一次，奧林帕斯諸神，想把眾神之主宙斯捆起來，但是宙斯發現了這一陰謀。他在智慧女神雅典娜的策劃建議下，召來萬手巨人布里阿瑞俄斯，利用他成千上萬雙手，戰勝了眾神。這個神話中

確定不疑的含義是：如果君主能夠為民眾謀求福利，贏得支持，那麼他的地位將非常安全。

給予人民以適度的自由，用以使他們的困難與不滿怨恨得以正常的發洩，他們就不會壓抑和扭曲，這也是統治者保證國家安全的方法。醫學上認為，如果不讓體液排出、摀著膿血不讓它流出，那麼就會有引發更嚴重的毒瘡和惡瘤的危險。

談到不滿的時候，艾比米修斯的角色倒是和普羅米修斯有些相似，因為再沒有更好的方法預防不滿了。潘朵拉在痛苦和邪惡飛出來的時候，終於把蓋子蓋上了，並把希望關在了盒子底下。毫無疑問地，用技巧和權謀來培養及保持各種希望，並帶領人們從一個希望走向另一個希望，這是緩解和消除不滿因素的最佳解藥之一。而且，衡量一個政府和政治家是否清明，一個明顯的標誌就是，即使它不能使百姓心滿意足而贏得民心，也能夠讓民眾感到有希望可寄託，從而贏得民心。同時，這個政府能夠處事得法，以致任何困難都難不倒它，彷彿任何事都是有希望的，都有解決的出路。這一點做起來並不難，因為無論是個人還是黨派，都是善於吹噓自己的，或至少敢裝出不相信大難臨頭的模樣。

另外一個婦孺皆知的策略，便是要有預測和預防措施，以阻止條件相當的分子，出頭成為心懷不滿的人可跟隨並團結在其旗幟下的首領。我們認為能充當這種領頭人物的人大多都擁有成就和聲望，深受那些對現政不滿的黨派的信任和尊崇。對這種領頭人物，政府要麼採取切實可行的方法來爭取他並讓他歸順，要麼就使其同黨中有另一領頭人物與之對立，以削弱他的聲望。總而言之，對各類反政府的黨派集團實行分化瓦解，挑撥離間，或者至少是讓他們內部之間互相猜疑，不失為一種有效的手段。因為如果是擁護政府的人內部四分五裂，而反對政府的人內部卻萬眾一心的話，那麼將是極其危險的情況。

我們清楚地看到，一些出自君主之口的某些風趣而又刻薄的話，曾經點燃了反叛的烈火。凱撒因那句「克蘇拉不識字，所以不能口授文章」的話語使自己受到傷害，因為這句話完全斷絕了人們對前途所抱有的希望，也就是

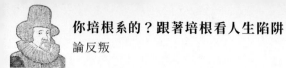

在某個時刻他會自願交出他獨裁者的職位；加爾巴因為一句「我的士兵是徵召的，而不是買來的。」而毀掉了自己的前程，因為這使得士兵失去了獲得贈品的希望。普羅布斯也因那句「假如我活下去，羅馬帝國就不再需要士兵了。」毀掉了自己的前程，因為這句話讓他的士兵非常絕望。

還有許多類似的例子，但毫無疑問地，在敏感的問題上和在不穩定的時代，君主需要對他的言行十分謹慎，因為話一旦出口，就好像射出的箭一樣，尤其是那些被認為是包含動機脫口而出的話。至於那些長篇大論是淡而無味的，也就不像簡短的話語那樣會引起他人的注意。

最後，為防萬一，君王當在身旁安排一位或幾位有軍事膽略的大將，以便在發現叛亂之苗頭時，即予消除。因為如果沒有這樣的人，那麼動亂一旦爆發，朝廷中就會出現不應該有的恐懼和不安，而政府就會出現塔西佗說的那種危險：「人的脾氣就是這樣的，雖然沒有幾個人敢於冒險做出這樣一個邪惡的舉動，但是許多人卻渴望邪惡的舉動出現，並且會默許這邪惡的舉動。」但這樣的軍事人員必須是忠誠可靠的，並且具有良好的名聲和地位，而不是那種喜歡結黨營私，專門討人喜歡的人，同時還要擁有與政府中的其他大人物地位相應的職位，否則的話，那治病的藥就會比疾病本身更加有害了。

【賞析】

近代的權術論者，所注意的重點常常是放在如何處置危機，而不是在如何防止危機上，這樣就未免有點捨本逐末了。一方面固然不可見小失大——所謂明察秋毫而不見輿薪；但另一方面也不可見大失小——殊不知，星星之火可成燎原之勢。

任何帝王也難免有一些政治上的對手，因此，培根在論反叛一文中對帝王提出了幾條告誡，並詳細分析了引起反叛的內在和外在原因，為帝王鞏固江山提出了可行性建議。

論無神

上帝沒有必要製造奇蹟來說服那些無神論者，因為宇宙中平凡常見的自然秩序已經足以說服那些無神論者。

粗淺的哲學確實使人傾向無神論，但發展至精深的哲學，則使人心又皈依到宗教上去。因為如果淺顯粗略地看，自然界中的萬物是靜止的和互不相干的，但只要進一步觀察和思考，就會發現萬物之間具有錯綜複雜的因果關係，它們的聯合與影響，最終只能在神性天意的眷顧和授意下運行。

不僅如此，即便是那些受指責最多的無神論哲學學派，即留基伯、德謨克利特和伊比鳩魯一派的原子論學派，其實也在論證宗教之正確的作用最大。他們有兩種樸素唯物主義學說，一種觀點認為土、水、風、火四大物質和「存在」這個範疇構成了自然宇宙，另一種觀點則認為，構成宇宙萬物的物質是一群無限小、也沒有固定形狀的原子。兩種說法中，第一種說法更為合理。

《聖經》中的確說過：「愚蠢人的心靈看不見神的存在。」但是《聖經》中並沒有這樣說過：「愚蠢人的理性認識不到神的存在。」換一句話說，一個上帝的存在沒有被否認，主張無神論的愚人，是因為他們沒有經過理性的思考，而貿然作出了結論。如果不是信仰無神論給人以實用性，是沒有人會認真地堅持無神論的。這從以下兩方面能得到證明：無神論者反對宗教信仰和神的存在，可是他們本身也是有信仰的，也是在傳播一種宗教——否認神的宗教。另一方面，許多無神論者因為人們信仰神而感到痛苦、而爭辯——但如果根本沒有神的存在，那麼就不存在信不信神的問題。如果缺乏前提條件，那麼他們為什麼困擾他們自己呢？

實際上，伊比鳩魯曾經認為，神的確存在，只不過天上的神並不願干擾參與世間的生活罷了。他為曾持這種見解付出了代價，受到猛烈的攻擊。有神論者認為他在狡猾地虛偽掩飾，用片面之辭掩飾內心中無神論的真實想法。的確，伊比鳩魯被誤解，被他們狠狠地誹謗了，因為伊比鳩魯所說的話是非常高貴而坦誠的，特別是他說過的一句警語格言：「真正褻瀆神靈的人，不是那種否認世俗之人心目中神靈的那些人，而是那些把自身世俗觀念冠以神

靈名義的人！」這話如此精闢富有哲理，就連柏拉圖所說的關於神靈的話也沒有這話好。不僅如此，儘管伊比鳩魯有信心否定神對世俗行政生活的參與，他卻沒有力量去否認自然萬物運行中神靈的存在。

西方的印第安人雖然不認識上帝的存在，不會為上帝命名，但是他們也擁有自己的神靈，並且為他們的神靈賦予了各式各樣的神聖之名。古代歐洲的異教徒們也和他們一樣，他們不知道有一個上帝，但卻也有自己的神靈阿波羅和宙斯（編按：阿波羅，太陽神；宙斯，火星之神，希臘神話中的神。）甚至那些未開化的野蠻人也擁有他們自己的崇拜神靈。能夠深思熟慮提出成熟理論的無神論者是很罕見的，也許只有迪格拉斯、拜思、盧奇安那麼幾個人，但他們的理論也都不是無懈可擊地完美，實際上只不過是對神一些模糊的懷疑，只不過利用神學中一些漏洞、迷信進行攻擊罷了。但是，那些優秀的真正的無神論者往往是一些偽君子，他們一方面高談闊論那些神聖的事務，另一方面又自不量力、缺乏自知之明，因此他們早晚會失敗得灰頭土臉。

無神論產生的原因有如下幾種：第一是宗教內部的派別分裂以及關於正統的紛爭、派別的對立引起無神論；第二是教會內部的腐敗，特別是牧師的醜聞。對於這一點，聖伯納德說過：「現在只能說，我們已經無法依靠神靈了，因為現在普通人都比教士道德高尚。」第三是褻瀆和嘲弄神聖事物的風氣盛行，藉著一點點的錯誤而肆意嘲笑宗教的尊嚴；第四是由於時代的不同，現在太平安定，文化繁榮，人們不再像流離亂世中朝不保夕一樣需要依賴神，需求神的安慰了。只有人類陷於苦海，他們才會感受到神的重要性。他們否認上帝，否認人類的高貴性。的確，在肉體方面，人類與野獸沒有多少差別。

不承認神的人，是在毀壞人的尊貴，因人就其肉體而言無疑是與禽獸接近的，這樣，人就是一種卑賤下作的動物了。因此，無神論對人性的提升和神聖化沒有幫助，任何一種動物只有透過精神上的信仰和崇拜才能昇華自我的價值。以狗作為例子，因為牠往往被人冠以忠心和勇氣的美譽，牠眼中的上帝就是牠的主人，所以牠可以奮不顧身地為保護主人直至獻身。

人亦如此，倘若人自信能得到上帝的保佑和照顧，就能激發出超凡的意志和力量。這種驚人的意志和力量如果沒有信仰的依託，是不會產生的。因

此，無神論是令人討厭的。人性本來脆弱，而無神論卻要從根本上毀滅人心中戰勝邪惡的精神力量！

就個人而言是這樣，這句話對民族與國家也同樣的正確。羅馬幾乎是人類歷史上最為偉大的帝國之一。羅馬如此偉大的原因，在一次對羅馬人的演說中西塞羅做過很精彩的回答。他說：「無論我們多麼為自己而驕傲，我們還是不得不承認，在人數上我們少於西班牙，在體質上我們比不上加洛人，在智慧上不如迦太基人，而在教育程度上也自愧不如希臘人。即使對故國的依戀上，我們也遠遠不如當地的義大利人和拉丁人。但是我們有一點卻是最為優秀的，它超過了所有這些民族——那就是我們的仁慈、虔誠和對於神堅定不移的信仰。我們確信，我們是神的子民，我們願意服從神的意志來安排世界。關於這一點，我們比世界上的任何民族都優秀。」

【賞析】

〈論無神〉可以看作是培根對無神論者的批判，從培根的思想、言語中顯而易見培根認為世間存在神，有其話為證：「我情願相信《眾聖傳》、《塔木德》及《可蘭經》中的所有傳說，也不願相信這個宇宙的構成是沒有靈的。」其對無神論者毫無掩飾的批判有話為證：「那些優秀的、真正的無神論者往往是一些偽君子，他們一方面高談闊論那些神聖的事務，另一方面又自不量力，缺乏自知之明，因此他們早晚有一天會失敗得灰頭土臉。」其實，有和無全在於心裡，又何須與世相爭。

論迷信

對於神，與其亂發謬論，不如緘口不言，不言僅為不信，亂言則為不敬，而迷信則無疑是對神的褻瀆。對此，普魯塔克（古希臘傳紀作家）說得好，他說：「我寧願眾人說世上根本就沒有普魯塔克這個人，也不願他們說有一個普魯塔克，他在兒女一生出來時就把他們吃掉了。」就像詩人談論薩杜恩（編按：羅馬神話中的農神，常被誤會為希臘古神話克羅諾斯，該神因聽信其子將篡位，遂於兒女誕生時即吞噬之。）的情況一樣。而且，對上帝的無禮程度越大，對人的危害程度就越大。

無神論把人類交託給了理性、哲學、骨肉親情、法律和功名，這些東西雖然不含宗教，卻可以成為一種外在的道德原則。但是，迷信是在拆毀這些東西，並在人心裡建立一種獨裁的專制。所以，無神論從來都沒有危害過國家，因為它使人克己自制，不問不關己的事。無神論盛行的時候，如奧古斯都、凱撒的時候，都是文明盛行之時。但迷信卻一直都是許多國家的孽源，它導致了一個最高中心，擾亂了正常的統治秩序。迷信的大師乃是民眾，凡有迷信之處，都是智者跟從愚夫，理論掉轉次序地要對實踐削足適履。

在由經院哲學家（編按：中世紀最有影響力的思想家，他們致力於把思想納入一種邏輯的形式中。）之信念占很大影響力的特利騰大公會議（編按：由教皇於一五四五年召集的天主教第十九次公會議，力圖聯合各派勢力打擊宗教改革力量，並在內部實行調整。會期共歷時十八年。）上，有些主教卻鄭重其事地說：「經院哲學家就像是天文學家。當天文學家虛構出諸如離心圈、本輪及類似的軌道論，用以解釋天文現象時，他們知道這些東西是莫須有的。」並且，經院哲學家沿用此手法，創立了許多複雜、奧妙的原理和定律，用以解釋教會的實踐生活。

迷信的原因有多種：禮儀上，重愉悅和感官感受；外貌上，重形式和法利賽人式（編按：通常被視為外表虔誠、內心冷漠的偽善之代名詞。）的虔誠；傳統上，重盲目信從和崇拜，以致於為教會加重負擔；人事上，主教們千方百計地謀算個人的野心或利益；心理上，重出發點之良好，以致於為自大和

標新立異大開方便之門；神學觀上，以凡人之心度神聖之事，以致於產生了混亂的妄想；歷史處境上，既是時值蠻荒時代，同時又遇見了天災人禍。

　　毫無隱諱的迷信是一種醜惡的東西，如同一隻猿猴太像人就只會醜上加醜一樣，迷信到了好似宗教的時候就更加醜惡了。而且，如同好肉腐壞而生出許多蛆蟲一樣，上好的典章和律例腐壞了就會變成繁瑣冗長的形式。對以往既成的迷信，當人以為避得越遠越好時，就會出現為排除迷信而產生的迷信。因此應當提防的是，如同在清除體內病患的手法一樣，千萬不要把好的東西與壞的東西一齊去掉。而這種蠢事，在凡夫俗子出面實行改革時，就往往會做得出來。

【賞析】

　　迷信源自於內心的寂寞、孤獨或是不確定和矛盾，是一種自我麻醉。培根對迷信的述說表明了這樣一個觀點：「迷信神實質上是在褻瀆神。」倘若說在無神論者眼裡還稱得上是愚蠢的智者，那些迷信之人在培根眼裡便是跳梁小丑是長得像人的猿猴，只會讓人看起來更加覺得面目可憎。

論旅行

對於年輕人來說，旅行是一種學習知識的過程與方式；而對於成年人，旅行則是豐富人生經驗的最佳途徑。

如果你想到別的國家去旅行，首先應學習一些別的國家的語言，可以在旅行之前到學校學習。如果年輕人能夠在家庭教師的指導下旅行，就可以便於他瞭解別國語言和風俗，一個嚴肅的僕人也能夠發揮很好的幫助作用，他們能告知缺乏經驗的年輕人，什麼地方的什麼景物是值得觀看的，什麼人是需要認識的，一個地方有什麼風俗和規則需要注意。否則這個年輕人將會如同被蒙上眼睛一樣，東走西撞地在外旅行，但是收穫非常少。

在航海旅行的時候，陪伴人們的只有遼闊的天空和大海，這時人們就會用寫日記的方式來充實這些富餘的時間。在航海旅行的時候，能夠看到的東西除了天空就是海洋，航海家卻總是堅持寫航行日誌。相對比的是在陸地，大多數景物是模糊不清的，人們卻常常忽略用日記記下所看到的一切。這是一件奇怪的事情，難道偶然性的、機會性的事物比應該認真觀察的東西更值得記錄嗎？因為日記的記事作用，在旅行中更應該堅持寫日記。

旅行時要注意觀察下列事物：君主的宮廷，特別是當他們接見外國使節的時候，法庭與法律的實施情況，同樣還有聖職的宗教法院、教堂與修道院，存在於牆上或者要塞的紀念碑、城堡、港口與交通、文物古蹟與廢墟、文化設施，如圖書館、學校、會議、演說（如果那兒有的話），船舶與艦隊，雄偉的建築與美麗的公園，軍事設施與兵工廠、彈藥庫、交易所、倉庫等經濟設施，體育，甚至騎術以及籬笆、士兵的訓練、劍術、體操等等，富人常來的渡假勝地，以及珠寶、財富、禮服、劇院、藝術品和工藝品以及其他稀奇之物。總之留心觀察所到之處一切值得永久保存在記憶中的事物。家教和僕從要勤於打聽，妥善引導。相比之下，有些凱旋典禮、假面舞會、鬧劇（盛行於宮廷中的一種詩劇）、宴會、婚禮、葬禮等熱鬧一時的場面，雖說不應忽略不顧，倒也不必過於上心。

如果作為一個年輕人，想透過一次時間與空間都有限的旅行，迅速獲得一些知識，那麼前面指出的事情是一定要觀看瞭解的。首先，在異國旅行之前，他必須掌握所去國的語言。其次，他還要找一個熟悉異國情況的老師或者僕人，抑或其他能發揮類似作用的人。可以讓嚮導帶著介紹該國情況的書籍、地圖、卡片，這些東西能夠很好地描述他將要去的旅行目的地的狀況，將是他旅行中獲得訊息的一個關鍵方法。

　　一定要堅持寫日記，不僅如此，當他在一個城市或者小鎮住下來的時候，在每處逗留時間的長短，要根據該地提供的知識價值來決定，不要耽擱太久，住在一個城市或者小鎮的時候，最好能經常從一個住處換到另一個住處，以便廣泛地結識各界人士，交際時要讓他從熟識的同鄉夥伴中走出來，也從同鄉聚會的場所消失。不妨到上層社會經常交際娛樂飲食的場所去吃飯，以便結識旅行當地的上流社會和人士，這樣在需要的時候你就可能得到他們的關照。在各地旅行搬家的時候，設法獲得某位知名人士的推薦信，這樣就能夠在尋找觀看風土人情或者結識各界人士時，利用這位知名人士的名望，這樣才能使旅遊耗時不多而獲益匪淺。

　　至於在旅行的過程中結識各界人士，對你最為有益的是結識各國使節的祕書和僕人。與他們交往能使你雖然只到一國，卻能瞭解許多個國家的情況。旅行時，還可以去拜訪一下當地居住的名人，特別是那些名氣傳到國外的，這樣就可能知道他們的實際與所負的名望是否相稱。

　　一定要注意避免捲入糾紛和決鬥之中。一般來說，這種爭吵和決鬥的原因往往是爭奪情人、位置、榮譽、年輕氣盛，或語言過失。因此一個人在待人接物上就必須謹慎小心，以避免發生不必要的糾葛，特別是在和那種性情易怒、好爭吵的人交往時更要小心謹慎，否則他們將把你拖入是非糾葛之中，使你透不過氣來。

　　旅行結束回到家鄉後，不要把已旅行過的異國他鄉都置於腦後，而應當繼續透過寫信與那些已結交而且有幫助的友人們保持聯繫。此外，這次旅行的收穫更多地應該展現在一個人的言談和見識之中，而不是改頭換面的一身異國裝束以及異國的手勢風俗。在談論旅行情況時，最好只回答問題而不是

自己誇耀。同時，不要使自己看上去只是一個出國就忘記家鄉風俗禮節的人，而應當學習一些外國的精華，把別國的優良事物嫁接到本國風俗之中。

【賞析】

在許多人眼裡，旅遊就是為了出去為自己「醒醒腦」，放鬆一下自己緊張的神經。對於年輕人來說，目的就是純粹的玩樂。

然而，旅遊也是一門學問，其中包含著許多竅門和我們需要學習的東西。

旅遊，並不僅僅是一種對大自然的擁抱。培根就在此指出，對於年輕人來說，旅遊是一種學習的方式，而對於成年人，旅遊則構成一種經驗。

論進言

人與人之間最大的坦誠和信任莫過於忠言相告。在其他關於信任的事情中，我們可以把生活中的一部分委託於人，比如他們的田地、貨物、子女、信用，還有一些特別的事情等。但是他們一旦聽取一項建議時，就將交付自己的全部信任了。在某種程度上，他把自己所有的信任與正直的聲譽都押上了。

由此可見，這些謀士也就更有義務保持忠信和誠實。最明智的君主不會認為聽從臣屬的勸告會有損於他們的偉大，或者會貶低他們的能力。就連上帝也不例外，他也認識到忠告和建議的重要性。他授予聖子耶穌的諸多尊號中，就有「勸世者」這樣一個名號。

所羅門曾經說過：「接受忠告意味著穩定。」對於一種事業，如果沒有事前大家聚在一起反覆地推敲、斟酌、計議、商討，集中群策群力加以完善，就難免在實施中因為現實的反覆無常而出現難以預料的差錯。事情的發展好似一個看不清路程、辨不清方向的醉漢跌跌撞撞。一項計畫如果在實施前不先顛簸於辯論與商議的風波之中，就只能讓它在命運的波濤中起伏不定了。

雖然所羅門看到了接受忠告和建議的必要性，但他的兒子卻由於聽信讒言而導致亡國。以色列這個一度為上帝所寵愛的國家，最終由於讒言誤國而山河破碎了（編按：事見《舊約》。指所羅門之子羅波安即位後聽信讒言，終於亡國的故事）。

這個歷史教訓告訴人們，聽取忠告時的兩個指導原則，以識別差勁的建議。第一，那些來自年輕氣盛、缺乏經驗的人的建議不可聽取；第二，那些過於激烈極端的建議不要聽信。

古人用生動的故事闡明這個道理：君主與智慧是融為一體的，君主是否有智慧與他能否接納忠言是密不可分的。關於君王如何明智並且策略性地聽信忠告，古人的議論很高明而且寓意深刻。史詩中傳說眾神之王朱庇特的王后是朱諾，而她正是言論建議之神。這個結合暗示著忠告和建議與君主統治

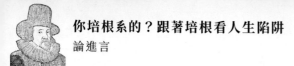

相結合的重要性。另外，這個忠告與君主結合的故事還有下文，與朱庇特結婚以後，朱諾懷孕了，但是朱庇特不願意讓她生下這個孩子，他把朱諾吞了下去。結果他發現她懷著一個孩子。後來朱庇特的獨生子帕拉斯就從朱庇特的頭頂上生出來了，出生時全副武裝。

荒謬的故事其實蘊涵著深刻的政治思想。它告訴我們：一個明智的君王處理國家大事的時候，應該與臣民一起去商量建議——這好比朱庇特與言論之神朱諾的結合，至於選擇和決定採用什麼政策的權力保留給君主自己——這好比由朱庇特的頭腦中生出全副武裝的兒子帕拉斯一樣。這樣，君主就能既做出英明果斷的決策，又能擁有臣民的廣泛擁護和忠告建議。

現在我們再來討論一下開放言論的弊病以及補救的措施。

號召建議與言論的批評有它的麻煩之處：第一，開放言論，使事件必須公開出來，國家難以保守祕密；第二，言論的盛行勢必會導致君主和國家權威的減弱；第三，存在著有人因為自身的私利而提出不利於社會建議的可能。針對這些弊病，法國曾經採用過義大利人提出的那種「祕密的內閣」制度，只有內閣成員參與國家大事的議論與決策。但是，這種制度所帶來的危害可能比公開開放言論的危害更大。

關於保守祕密的問題，作為君主本來沒有必要把所有的事情告訴所有的顧問，他可以有所選擇和有所保留。同樣地，別人可以給予他關於處理事情的建議，但是他也沒有必要全都按照別人的建議辦事。作為君主要注意，祕密的洩漏往往是君主他們自身的問題。也許下面這句話可以作為一種關於開一些祕密的內閣會議的忠告，那就是「世上沒有不透風的牆」。有那麼一些瑣碎無聊的人，喜歡把知道祕密當作自己的光榮去吹噓，結果壞了大事，他們本來應該懂得保守祕密是他們不容推辭的責任。

的確，有些事需要極度地保密，除了君主本人，也只能讓一、二個重要人物知曉。除了祕密之外的事情，顧問團往往會有一點不同意見，不過也無礙大局，只要他們的言論不干擾政策的實施就行了。做到這一點需要君主非常謹慎且手腕強硬有力，或者內閣之中有一、二個明智並且對君主非常忠誠

和值得信賴的重臣。就像英王亨利七世，他獨攬大權，祕密事件也只讓莫頓和福克斯兩名重臣知道，從不透露給其他任何人。

關於君主的權威受到削弱的問題，以上已經給出了一些補救的方法和措施。當君主自己作為顧問團體首領時，君主的權威不是被削弱了，而是依舊至高無上，並且有助於加強它。同樣地，君主也不會因為依賴顧問團言論的力量而喪失自身的獨立性，只是顧問團中存在一些害群之馬，或者他們力量過於強大，或者他們緊密聯合成為幫派，局面才有危險，不過這些問題都可以及早發覺並加以制止。

關於最後的那個弊端，就是人們所提出的建議不一定都是對君主有利的，他們往往摻雜自身的利益來考慮。只是要知道，「世間本來沒有誠信」，這是人們的天性，並不意味著所有人都是虛偽狡詐的。總有那麼一些人生性誠實、真誠、坦率、簡單樸素、值得信任和不狡詐。最重要的是，君主應當善於發現和任用這樣的人。另外，這些議政的顧問團絕對不是鐵板一塊，因此可以利用他們彼此之間的嫌隙，利用其他顧問人員去監視那些有私心的人。那樣的話，一旦顧問團中有任何分裂，或者有因公徇私的打算，必定會很快傳到君主的耳朵之中。不過，最好的補救措施就是君主瞭解他的顧問團，同時顧問團也瞭解他們的君主，兩無嫌隙。先哲那句名言放在這兒正適合：「英明的君主貴在知人。」（編按：語出羅馬詩人馮梯。）

另一方面，顧問不應該對他們君主的為人風格過分好奇。一個真正的顧問官所包含的品行，寧可要對於處理國家事業富有經驗，也不要依從他們自身自私的天性。他們應該給予君主以忠告和建議，而不是討好君主，博得君主的歡心。君主徵求意見的方法很簡單：他需要在私下和公開二種場合都徵求意見，這是因為私下發表看法較為自由，而在別人面前發表看法難免拘束和有所保留。在私下裡，人們更多地根據自己的思考發言，而在公開場合，一個人的意見就容易受多數派別意見的影響。因此，聽取二種場合下的意見是有好處的。如果聽取地位較低者的意見時，私下場合更為適合，這樣他們可以無所顧忌，而聽取位高權重者的意見時，公眾場合更為適合，這會使他們出言審慎。如果君主不希望自己尋找關於事情的忠告時徒勞無功，那麼他

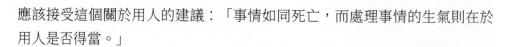

應該接受這個關於用人的建議：「事情如同死亡，而處理事情的生氣則在於用人是否得當。」

當然，關於用人的建議只有這一點是不夠的，可以根據類別來選擇合適的人才，透過數學式的精確描述，看看哪些個性品行是一個人才應該具備的，這也是用人的建議之一。如果是以階級為標準的話，那將是不明智的做法。「最好的顧問是那些死去的人」，話說得不錯。活著的人受利益所左右，善惡斷定又受時勢所矇騙，很難完全做到公正。因此君主應該多多閱讀那些古人的著作，吸取有用的教誨，特別是那些曾經活動於國家政治舞台上的先哲們的經驗之談。

現在，許多的議事機關只具有形式上的表決作用，他們只是附和政策而不是參與制定和選擇政策，這對政策將是十分不利的。在討論重大問題時，最好在議事的前一天提出問題，到第二天才進行討論，給議事機關以考慮的時間。正如俗話說的：「黑夜帶來妙計。」例如對關於英格蘭和蘇格蘭是否應當合併的問題，議會就曾這樣做，那是一個嚴肅而有秩序的會議。使用請願書的做法很合理，因為一方面給予了請願者更多的參與性，另外一方面它使議會從某一固定階層的看法中解脫出來，得到更多不同階層的不同意見。在議會的基礎上，他們達成一致意見。在議會決定對一項已經發展成熟的事業設立專門委員會的時候，最好是任用那些不持偏見的人，而不應該忽略這一點，結果任用了那些有偏見、愛走極端的人。

除此以外，還可以建立一些常設的專職機構，比如關於貿易問題的、財政問題的、軍事問題的、司法問題的一些大省的行政政策問題等等。如果只有一個議會（比如西班牙），雖然它有著不容替代的權威，但是效果絕對沒有那些專職委員會好，因為具有這一方面經驗的專家比門外漢能夠更好地解決這些問題，並且能夠保持政策的連續和穩定性。這些專門委員會需要承擔責任，審查專職範圍（比如法律、航海、商業等等）之內的事務。如果問題重大，有必要請議會復議，則向上面行政機構提交報告和申訴。但是提交委員會討論時不可讓過多的提議者參加，以免議會中爭吵喧鬧不休，局面失控。

在議會中座位如何排列，是採用長桌的方式，或者方桌，還是讓所有的座位靠著牆，看來只是一件形式的小事，其實是實質性的事情。一條長桌，只有少數人能坐在首席，結果展現對問題的決定性意見。但是如果需要廣泛議會的意見建議，那麼君主應該採用其他方式，降低位置傾聽意見，更為適合。當君主主持一次討論會議的時候，應當注意不要輕易流露出自己的想法，否則，君主的意向給討論者以暗示和壓力，他們也許會壓抑自己的想法，見風使舵，恐怕本來是徵求意見的討論就只能聽到一片「我主聖明」（指基督教禱禮中為逝者所唱的讚美詩）的頌歌。

【賞析】

沒有任何人完美到不需要任何適時的建議，那些不懂得察言納諫的人都是一些無可救藥的蠢才，即便是最為特立獨行的人，也應該注意那些友善的勸告。

傾聽每一個人的意見，但你只須對極少數人發表你的意見；接受每個人的批評，但是你要保留你自己的判斷。三思而後行，這是任何時候都適用的真理。

你培根系的？跟著培根看人生陷阱

論時機

論時機

命運好比市場上的交易，許多時候，你只要稍微猶豫耽擱，價格就會下跌。同時，命運在另一方面也就像西比拉賣書一樣，先是一整套一整套地叫賣，然後便是逐漸地減少，但是仍然堅持索要相同的價錢。就像一句諺語所說的：「機會這個女人，她常常先把前額的頭髮讓你抓，如果你抓不到的話，她就會立刻變成禿頭讓你什麼也抓不到。」或者，機會至少會先把瓶子把手給你讓你去拿，你如果不拿的話，那麼它就會再給你個很渾圓的瓶肚讓你去拿，那可是很難拿得住的。在事情的初始階段就必須掌握好時機，這才是最明智的。

如果說危險是無關緊要的話，那麼它就不再是無關緊要的了，而更多的危險與其說是逼迫了人們，倒不如說是欺騙了人們。不僅是這樣，與其長久地注視著某些危險的來臨，還不如主動地去迎接它們，儘管它們還沒有逼近。因為，一個人如果長時間地注視一個事物，那麼他就有可能睡著。而另一方面，如果因為受到太長的影子的欺騙，就過早地開槍，或者過早地匆匆迎上前去，從而招致危險的到來，那就是另外一個極端了。

總而言之，識別時機是否成熟必須慎重小心地判斷衡量，善於識別時機是極為重要的。在開始做一切大事前，人要像千眼神阿爾戈斯那樣觀察時機，而在開始時則要像萬手巨人布里阿瑞俄斯那樣抓住時機。先要仔細地觀察，然後是迅速地行動。

尤其是對於政治家來說，祕密的策劃與果斷的行動就好比地神普魯托的隱身盔甲。果斷與迅速是最有效的保密方法——就像在空中一掠而過的子彈一樣，當大家都知道祕密的時候，事情早已經成功了。

【賞析】

懂門道的人可以承擔風險，放縱自己的想像力，但如果你一無所知而去冒險的話，就等於自尋死路。面對機會，我們每個人都以自己的修為去面對，有些急於求成者，當所謂的「機會」偶露曙光時，便迫不及待地迎上去，結

果因沒有經過周密的思考而被「機會」灼傷。也有一部分人當機會來臨時，總是畏首畏尾，投鼠忌器，結果放任機會白白溜走。這二類人在機會面前均是失敗者。真正的強者當像千眼神那樣善於尋找時機，當機會來臨時，應像萬手巨人那樣善於抓住時機。

論狡猾

人們都認為狡猾是一種邪惡和畸形的智慧。毫無疑問地，狡猾的人與聰明的人之間是有著天壤之別的，他們的差別不僅僅在於誠實上，而且還在於能力。

有人會洗牌，但打得不好；同樣地，有人擅長結黨營私，但在別的方面卻軟弱無能。精通人情世故是一碼事，長於處事待物又是一碼事；許多十分善於察言觀色的人，卻在處理實際具體事務上無能為力，這就是那些思索人多過思索書之類人的通病。這種人與其說是適於出謀劃策，不如說是更適合於做詭詐的算計；而且，他們的專長只適合用於他們自己的家門口，讓他們去試試陌生人，他們就什麼都摸不著了。

以前曾有這樣一條分辨愚智的準則：「把他們二個脫光了送到生人面前去，你就看明白了。」其方法對於這類人恰好適用。既如此，鑑於這些狡猾的人好像雜貨舖的小販一樣，我們不妨將其貨色羅列出來。

狡猾的特點之一，專門在你談話時察言觀色。許多專門窺探祕密的「耶穌會委員」（編按：耶穌會是中世紀的一個教派，其中有些僧侶是專為教皇服務，監視人們思想的密探，作者在此諷刺那些人）就遵守這樣的信條：世上許多聰明的人，雖然心裡深藏不露，臉上卻暴露無遺，表面恭順地低著頭，實際上卻在偷偷窺視你，那些「耶穌會委員」便是這樣的。

另一個特點是：當你有急事要即刻處理時，先要對你所交涉的對象東拉西扯些題外話，使其無所戒備去推託你的請求。有一位官員，當他拿著許多文件來請伊麗莎白女王簽名批覆時，總是無一例外地和女王談論一下國事，這樣，她就不太在意那些文件了。

當人在忙亂之中，無法認真思考的時候，趁熱打鐵地對他做出相應的提議，可以達到同樣出其不意的效果。

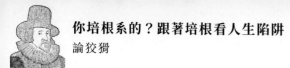

如果因擔心別人會巧妙而有效地提議某事，欲對其予以阻止時，最好就是假裝自己很贊同該事，並主動提議，但這提議卻是要用使其不能得逞的方式提出。

有人話到嘴邊卻突然打住，好像有所克制似的，這更能撩起你對所談話題的興趣，更想追根究柢了。

無論什麼話，如果是在追問之下得來的，總比你主動傾吐出來的要更具影響力。因此，你可設一個釣問題的誘餌，手法是裝出一副不同尋常的臉色，好使別人有一個關心你何以變色的機會；就像尼西米所做的那樣：「我素來在國王面前沒有愁容。」

對令人不愉快或難以啟齒的事，可以先找一個中間人把不是那麼重要的話風放出去，然後等待別人詢問你真實情況。納西瑟斯在向克勞狄亞斯舉報近莎利娜和西魯斯的婚事時，就是這樣做的。

對於不想把自己牽扯進去的那些事，一種狡猾的特點就是借用別人的名義，譬如說「人家說……」或「外面有人說……」。

有這樣一個人，他寫信時，總是把最重要的事寫在附言裡，好像那是一件捎帶著要說的事一樣。也有這樣一個人，他說話時，總是跳過他心中最想說的話，先說下去，回頭再掉過頭來說，好像是在說一件差點要忘的事一樣。

有人為說服人，就在等著對象一旦出現時，故意裝出詫異的樣子，讓人看見其手裡還正拿著一封信，或者做些不常做的事，好等到那人問起，然後就可暢所欲言了。

狡猾還有一種特點，就是以別人的名義留下話柄。他先在無關緊要的場合放出話來，誘使別人學習接受，他再從中利用。在伊麗莎白女王的時代，有二個人競爭一個大臣的職位，他倆交情不錯，且常為此互相商量。其中有一個說，在王權衰落的時代出任一位大臣是一件苦差事，叫他對此不要太熱衷。另外一位立即就學用了這些說法，與他的多位朋友高談闊論，說他沒有衝動的理由在王權衰落時當個大臣。先前那個人抓住這個把柄，設法傳給女

王；女王一聽「王權衰落」一說，大為反感，從此之後，再也不願聽取另外那個人的請示了。

有一種狡猾，在英格蘭稱之為「鍋裡翻餅」，即把自己對別人說的話，賴做別人對自己說的。說實話，像這類發生在二個人之間的事，誰是始作俑者確實說不清。

還有一種含沙射影的狡猾術，比如故意當著君主的面暗示，自己對某某人說過：「我才不做這種事。」正如提戈里努斯（編按：古羅馬皇帝尼祿之寵臣，刻意陷害素來規勸皇帝改邪歸正的太師。）對布爾胡斯（編按：尼祿皇帝的太師，終被尼祿皇帝毒死。）的所作所為一樣，說他可不像（布爾胡斯）那樣對反對派抱有希望，而僅僅以皇帝的安全為念」。

有人閱讀過很多神話和寓言故事，當他們需要暗示什麼事時，便能把它編進一個故事裡；這樣做既可保全自己，又可使人對此津津樂道。

有人自己已經有了一個成熟的想法，卻故意在談話中設問，然後逐步引導對方根據自身的利益做出他所期待的回答。此種狡猾術不失為高明，別人認為是從自己的利益出發，自己考慮出來的，從而減輕了該想法實行過程中的阻力。

不可思議的是，有人在表達欲提及的正題之前，等待很長的時間，東拉西扯的話題彎來繞去，這樣做無非需要極大的耐心，但卻非常有用。

一個突如其來、大膽而出人意料的問題，的確在許多情況下能使人措手不及、防不勝防地袒露其心態。如同一個隱姓埋名的人在聖保羅大教堂（編按：指該處前面的大廣場，為倫敦市人聚集最多的鬧市區）趕路時，另一個人突然來到他背後直呼其名，他會立刻回頭看看的。

狡猾的這些小貨色是不勝枚舉的，把它們羅列一下的確是一件好事，因在一國中，危害最大的，莫過於誤把狡猾充當聰明。

但無疑地，有人對事是知其然而不知其所以然的，就像一幢房子有便利的樓梯和房門，卻沒有適用的房間一樣。故此你可以看到，這樣的人有時在結論上歪打正著，但卻一點都不明就裡或分辨全局。然而，他們通常大多因

平庸而撈到好處，還要使人當他們是棟梁之材。有人做事主要在於玩弄他人，而且，用我們現在的說法，即是靠耍手腕，而不是靠自己腳踏實地的。但所羅門說：「玩小聰明的人仍舊是愚者，真正的智者深思熟慮。」

【賞析】

成功在很大程度上取決於你能否認清自己真正的需要，識破多種騙局，從而養成不脫離現實的習慣，這樣你就很難成為上述欺騙行為的犧牲品，不過這一切首先要有一種實事求是、誠實的心態。

誠實的人不吃虧，而自以為聰明的偽君子，最終難成大器。

論自私

　　螞蟻是一種善於為自我打算的動物，牠在果園或莊園裡就是一種有害的東西。因此，過於自私自利的人一定會損害大眾的利益。人當藉著理性既自愛，不害人，不自欺，亦不欺人，特別是對君主和國家更當如此。

　　人應當理智地區分私利之心與公共的利益。在為自己的利益考慮的時候，不要損害他人的利益，特別是不可危害君主與國家的利益。

　　就像地球以自我為中心旋轉一樣，人也難免總是要把自我作為行動的旋轉軸心，但是還有一個中心是高於自我利益之上的，宇宙萬物中有一個息息相關的天堂，這個天堂是以他人的利益為軸心而旋轉的。對於一個君王，他的自私也許更有理由，因為他的利益不僅僅是屬於他個人的，也代表他國家的利益。他的自私是高尚還是邪惡關係到人民的命運，但是作為一個國王的臣民或者一個共和國的公民，自私自利絕對是一種壞的品行，因為無論什麼事情，只要經過人們的手中，必定會被人們按照一己私利的需要加以扭曲，結果只會危害國家和君主。

　　因此，君主和國家在選擇臣僕時絕不可挑這種人，除非任用他們有不可替代的價值。但是在那種情況下，也不能讓這種傢伙獨攬大權，而只能讓他們作為副手。一旦讓這種自私自利之徒得勢，他們將自身一己之私利置於君主國家利益之上，可能為一己之私利而犧牲與民眾利益有關的一切，成為無恥的貪贓枉法之輩。

　　那些自私的政府官員、大使、財政大臣、將軍，以及其他虛偽腐敗的巨僕們，他們將自己的偏心帶入事情的處理之中，用一些他們自己的蠅頭小利和羨慕、嫉妒種種情緒，取代了君主和國家的重要利益。而大多數時候，君主國家的利益應該先於巨僕們的利益。俗話有云：「燒掉大家的房子，只是為了煮熟自己的幾個雞蛋」，這正是一切那些極端自私之輩的天性。但往往這種人最容易取得君王的寵愛，因為他們的做法就是透過不擇手段地向君王獻媚取寵討好，得到自己的目標，實現自身的利益，只要他們自私的目的能夠達到，這種人就會肆無忌憚地胡作非為。

自私者的那種聰明，有許多種形式，但都是一種極其卑劣的聰明。老鼠式的聰明是自己打洞掏空了房基，而在房屋將倒塌前就立即搬遷。狐狸式的聰明是欺騙獾來為牠挖洞，洞一挖成就把獾趕走。鱷魚式的聰明是在即將吞噬落入口中的獵物時，卻假惺惺地流下悲哀的眼淚。特別應該注意的是西塞羅在評論龐培時所說的話：「只知自愛卻不知愛人者，終究將遭受不幸。」因為他們時時刻刻都在謀算自己的利益，為了自己而犧牲別人，到頭來命運之神卻要使他們自身成為反覆無常的命運的祭品。要知道，人無論怎麼精明，怎麼會為自己謀算，畢竟逃脫不了命運之神的翅膀啊！

【賞析】

自私是人的一種本性，但在後天性情的培養中，有人變得高尚而無私，而有些人卻變成自私卑鄙的小人。自私的人永遠沒有出息，也肯定做不了大事，因為沒有人會與自私的人打交道。所以，哲人告誡：做人一定要肯吃虧。

俗話說：「從天而降的幸運，令你莫名其妙地欣喜，但也可能令你莫名其妙地憂傷。」假如自己是一個勢利小人，見到一點便宜就占，看到一點利益就要，全然不顧別人的議論和批評，這樣的人不僅容易背負惡名，且是自己把自己往絕路上送，因此，應當謹防自己的自私心理。

論革新

人在剛生下來的時候樣子往往不好看，改革創新中的事物在出現之初也是如此。

不過，儘管如此，最先創家立業者，多數都強過其繼承者。開風氣之先河的楷模，也是仿效所難以企及的。因為在陷於墮落的人性上，罪惡就像一種自由落體的運動，動能在下落到最低時最強；而善良就像一種拋物線運動，動能在起初運動時最強。

每一種藥都是一種革新，那些不願用新藥的人，注定躲不過新病；唯時間才是最了不起的革新家，並且，假如在療程中，事情隨時間惡化，又無良計良策使之好轉，其後果何堪設想？

的確，一些被習慣所適應的既成事物，即使並不優良至少也因為合適而不斷堅持。而且那些長期一起相濡以沫的事，看上去彼此相輔相成，而新事物則與之難以相融；新生事物固然因其專長而更富功效，但因其與舊環境不協調而招惹麻煩。還有，新生事物好像客居他鄉的外來人，羨慕者多，追隨者少。

在時間一成不變的情況下，這些話當然都是不錯的；但歷史是停不下來的，故信守舊習，也會像革新一樣引起麻煩。對於古舊時代的過分尊崇，只會成為新時代的笑柄。

因此，人們在革新中當遵循時間本身的規律。時間的確常令事情天翻地覆，但卻是輕柔漸進得神不知、鬼不覺的，否則的話，無論什麼新事物都不會是人所嚮往的。而且，凡事都是有人有得、有人有失的，有得者視之為幸運，歸其功於時間；有失者視之為冤屈，歸其咎於革新者。

另外，在政治上，如果不是勢在必行或功效顯著的話，最好不要試行新政；而一旦施行改革時亦當小心，改革必帶來變化，但改革不是出於喜新厭舊而提倡的。最後，對新奇之事雖非要拒之門外，也應視為嫌疑的對象，且

你培根系的？跟著培根看人生陷阱

論革新

按《聖經》所說：「我們站在古道上，環顧四周，見有合適大道，然後行在其上。」

【賞析】

革新應是一種突破，一種飛躍和前進。在革新中領悟，在領悟後革新，這有利於自我事業的開拓，亦有利於社會的發展。

我們應當深信，世上沒有永恆不變的東西或事情，萬物隨著主觀和客觀條件的轉變而改變，或許從舊事物中會有所發現和突破，產生出新的事物，人們應當善於從舊中去尋新，重新發展自我。

論小聰明

有人說，論聰明，法國人內心勝過外貌，西班牙人外貌勝過內心。且不論國民之間的差別，人與人之間的情況確實如此。

聖保羅不是曾經就虔誠地這樣說過嗎？「只有虔誠的外表，卻沒有虔誠的內心」。的確如此，這句話也適合指那些小聰明和傲慢自滿，徒有華麗外表，卻缺乏實質內容的人——「小聰明大糊塗」。

這類浮誇之徒所慣用的伎倆無非是以虛充實，故作深沉，在有識之士看來不過是喜劇的笑料而已。

有的人似乎是那樣心機深沉，深藏不露，而實際上是因為他們的腦子裡的那些東西實在是拿不出手，所以只好保守一些。有的人所知有限，卻喜歡對他們不瞭解的事情高談闊論，結果不過是讓那些知情者知道他們的吹牛和裝腔作勢。

有些人要靠表情和手勢，在姿勢上顯得精明。

有人說話喜歡用華麗的詞藻，對於他們不夠瞭解的事物都敢斷然地議論，甚至進一步插手。

有一些人，輕視他們不知道的事情，認為那些事情不相關並且古怪，好掩飾自己的無知。還有的人對所有問題都要發表不同見解，用一些危言聳聽的話使別人驚訝。正如蓋留斯所說的：「有一種愚蠢的人，全靠詭辯來毀壞事情的本質。」

同樣地，柏拉圖（古希臘哲學家）在〈普羅泰戈拉〉一文中描寫普羅泰戈拉：「可以算作這種大肆詭辯空論，引人走入歧途者的典型代表。他如果做一次演講，從頭至尾都是不知所云，言不及義，從頭到尾都只是在批評與他有分歧的人。」

一般來說，這種人總是愛作否定，而不是肯定的讚許，愛提反面意見而不是建設性的意見，這是因為提出建議比否定批評要困難得多！如果他們的主張被否定了，他們也就完了。但是他們的主張一旦被接受，局面就糟糕了：

那些小聰明簡直是事業的禍害毒藥。可以斷定，這種頭腦空空的假聰明的人為了維持有才幹的虛名，所想的花招詭計比破落子弟為了維持一個闊面子所出的詭計還多。那些耍小聰明的人也許適合這種結論：不要在任何事業上僱傭小聰明的人！

【賞析】

要瞭解自己的性格、才智、判斷力與情緒。不瞭解自己，就無法駕馭自己。照容貌的鏡子應有盡有，但唯一能透視精神的鏡子是明智的自省。當你不再關心自己的外在形象時，請依然保持自省，不斷提高內在形象。為能明智地處理事情，應該精確地估計你的明慎程度與領悟能力，而切忌耍小聰明。

論友情

　　亞里斯多德曾經說過：「喜歡孤獨的人，若非野獸，便是神靈。」這句話有正確的成分，如果任何一個人對社會有一種天生的、隱祕的厭惡與憎恨，這也許表明他的確有幾分獸性。但是這句話也有不妥之處，倘若一個聖靈這樣做，那麼恐怕在他身上並不能找到什麼神性的特質，除非這種孤獨生活的選擇，不是因為孤獨本身很快樂，而是因為渴望一個寧靜的地方面對自己，修身養性，或者為了尋找一個更好的談話地點。

　　在不信教的人當中，這種人一直都是被捏造和虛構出來的，如克里特島人埃匹門迪斯、古羅馬皇帝諾曼、西西里島人恩培多克勒和蒂爾那人阿波羅紐斯。而在基督教會中，在那些古代獨居的修士和聖徒中，這種人的確大有人在。

　　然而，很少有人真正體會過孤獨到底是什麼滋味，它將怎樣蔓延。沒有愛的話，人群無法成為團體，各種面孔也僅僅是畫廊上陳列的肖像，而交談則不過是叮噹作響的鐘而已。有句拉丁成語有點可套用到這種情形：「一座大都市就像一片大荒漠」。因為在一座城市裡，朋友們住得很分散，所以基本上少有睦鄰的那種交情。但我們不妨進一步斷定，缺乏真正的朋友，乃是道地的、可憐的孤獨；沒有真正的朋友，則世界不過是荒漠。從這個意義上來看孤獨，我們甚至還可以說，無論是誰如果天性不配交友，其性情可說是出自獸性而非出自人性。

　　友情的一個主要功效，乃是使人心中由各種情感引起的積鬱的心事得以宣洩和釋放。我們知道，閉塞和窒息是人體裡最危險的疾病；在人心上也不外如此。你可以服肝精以養肝，服鐵質物以健脾，服硫華以潤肺，服海狸以補腦；但除了真正的朋友之外，沒有什麼靈丹妙藥可以舒心。面對真心朋友，你可以借一種人與人之間的懺悔或自白，傾吐你的憂愁、歡樂、恐懼、希望、疑慮、忠告，以及任何壓在你心底的事。

　　連許多至高無上的君王都非常推崇友誼，真是一件奇怪的事，儘管地位至高無上，但是這些君王為了追求友誼，許多時候甚至不惜自身安全和地位

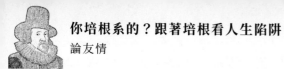

的高貴。因為君臣之間地位懸殊，君王原本是得不到這種友情的，除非他們為使自己能夠得到這種友情，把某種人抬舉到可說是他們夥伴或差不多平起平坐的地位；然而，如此做法也常常會招惹麻煩。這種人在當代語言中被稱為「親信」或「心腹」，好像這是出於皇恩和寵幸似的，但古羅馬人稱這種人為「同心者」，這才能表達出提拔這種人的真正用途以及確切的原因，因為君臣之交心正是為了這一結果。而且，還可以清楚看到的是，這樣的事情並不僅限於多愁善感的君王，即使歷來最英明的君王也常常與下臣有交情，彼此之間以朋友相稱，並容許他人以普通人之間的稱謂一樣，稱那些下臣為君王之友。

當克蘇拉統治羅馬時，他把龐培提拔到很高的地位（後被人尊稱為「偉大的龐培」），連龐培也自吹勝過克蘇拉。龐培以前曾提議他的一位朋友出任執政官一職，以抗衡克蘇拉之權威，克蘇拉因而不滿，講起名分來，而龐培則反唇相譏，竟然叫他不要出聲，說：「因為愛看回升的人多過愛看回落的人。」

偉大的凱撒大帝也曾與布魯圖結為好友，他在遺囑中把布魯圖立為繼其侄兒之後的候補繼承人。然而正是此人，才有能力誘使凱撒墮入圈套。凱撒曾因幾次不祥的預兆，特別是因卡爾普尼亞的一個噩夢，想解散元老院。布魯圖卻扯著凱撒的手臂，輕輕地把他從座椅上拉到一旁，說他希望等凱撒的夫人做一個好點兒的夢之後，凱撒再去解散元老院。布魯圖看上去十分得寵，故在西塞羅的演說中，曾經一字不差地引用過安氏的一封信，其中稱布魯圖為「妖魔」，好像他使凱撒鬼迷心竅似的。

奧古斯都把出身卑微的阿格里帕抬舉到了這樣一個程度，以致後來當奧古斯都為其女兒朱麗亞之婚事諮詢梅塞納斯時，梅塞納斯竟脫口而出說：「你要麼得把女兒嫁給阿格里帕，要麼得把阿格里帕殺掉，再無第三條路，因為你使阿格里帕的權勢太大了。」

提貝里烏斯皇帝統治羅馬的時候，非常重用並提升他的手下斯杰納，因為他們是無話不說的好友。提貝里烏斯在寫給斯杰納的一封信裡說道：「為了我們的友情，這些事我都沒有瞞你。」而且，為了表揚他們倆之間真摯無

比的偉大友情，元老院全體就像給女神獻祭一樣，特為此友情修築了一個祭壇。塞維魯斯與普勞蒂亞努斯之間的友情與此相似，或者更有過之。塞維魯斯竟強迫他的兒子娶普氏之女為妻，又常公開辱罵其子以袒護普氏。他還在致元老院的一封信中說過這樣一句話：「朕愛此卿之甚，唯願其壽比朕長。」

假如這些君王屬於圖拉真（編按：羅馬皇帝，以英明著稱）或馬可‧奧理略（編按：羅馬皇帝，以英明著稱，也是斯多噶派哲學家）那種類型，那麼，人們可以把這些帝王的表現理解為生性多情和善良。然而，這些君王卻都十分強悍、任性，又極端自私，竟也如此，故此便足可清楚證明他們懂得：就人而言，他們雖然已是幸運無比，但若無朋友使之圓滿，則此幸運終是有缺憾的。雖然他們都有妻、有子、有侄甥，不過，這些人都提供不了友情的滿足。

法蘭西歷史學家科梅尼曾深入觀察過他的主人哈代家族的查理公爵。他說公爵從不願把自己的重大文件與他人商討，特別是那些最困擾他的事件、祕密。這是一件奇怪而且令人難以忘記的事。科梅尼接著說：此種獨來獨往的個性損害了他的事業，在查理公爵的晚年，他的封閉、視野狹隘影響了他的理解力。倘使科梅尼願意繼續評論的話，他所服侍的第二任另一位君主路易十一也是這樣一個人，這樣的結果。而這種孤獨、沒有友情的痛苦，也正是路易十一一生的痛苦之源。

畢達哥拉斯有句晦澀而實在的格言：「不要啃掉自己的心。」的確，說句大白話，那些沒有朋友可以傾訴心事的人，可說是吃掉了自己心的野人。與此相反，向朋友袒露心胸可產生兩個相輔相成的效果，即：使歡樂有加，使憂愁減半。因為，凡是與朋友分享歡樂的人，都會感到樂上加樂，凡是向朋友傾訴憂愁的人，都會感到愁不再愁。故從實際的作用上看，友情對人心的價值，如煉丹師常常所說的他們的藥石對人身的價值一樣。照煉丹師的說法，這種藥石能產生各種相輔相成的效力，不過都是有益於其生理機能的。不必藉助煉丹師之例，在常見的自然現象中也有明顯相似的情形。物質的聚合能強化並增進其天然的性能，另一方面，又會削弱並減輕外力的影響；對人心智而言也同樣如此。

　　友情的第二種功效，就是使理智健全，有如第一種功效是使情感健全一樣。因為在情感方面，友情使人化狂風暴雨為和風細雨；而在理智方面，友情則使人出黑暗和迷亂而見日光。這不僅是指得到朋友的忠告。其實，當一個心煩意亂的人與旁人溝通和交談時，其心智與思緒將會澄清而開放；他調動思想更為靈敏，組織思想更為有序；他看得出當這些思想形成言語時的樣子如何；結果，他自己也變得比原來更聰明。在這樣的情形中，交談一小時比沉思一天更有成效。

　　地米斯托克利對波斯王說過這樣精闢的話：「說話有如鋪開而對外陳列的掛毯，其中的圖畫都是顯明的；而思想則像是在捲起的東西裡。」友情的這個第二種功效在於開啟理智，並不僅僅侷限於那些能提供忠告的朋友（有了他們當然是最好的），而且，即使沒有這樣的朋友，一個人也可以自我交流，展現自己的思想，如在磨刀石上磨刀一樣，磨破自己的機智。一言以蔽之，人寧可對著雕像或肖像傾訴心思，也不要讓思想窒息。

　　為了使友情的這個第二功效觀點得到全面充實，特此補充談一下朋友的忠告這一點，它是顯而易見的，但凡夫俗子卻都說不清楚這個特點。赫拉克利特在其謎語之一中說得好：「不帶偏見的知識永遠是最好的。」一個人從另一個人的忠告中所得來的知識，比出自他自己的意志和判斷的那種知識，更少偏見、更客觀。出自個人理智和判斷的那種知識，總是受他的情感和習慣所感染，因此，朋友的進言與自我主張之間的差別，如同朋友的忠告與獻媚者的建議之間的差別一樣，因為人是其自身最大的獻媚者，而朋友的直言不諱卻是最能醫治人的自以為是的。

　　忠告有兩類：其一是針對品行的，其二是針對事業的。談到第一類，使人心保持健康的最佳預防藥，乃是朋友的忠言相助。自我責備的律己固然是一劑好藥，但有時難免藥性太猛，藥力太強。讀道德修養類的好書，難免單調死板。觀察人之過失以為自己之借鑑，有時又對不上自己的處境。但最佳藥方（最有效又最易服用），就是朋友的進言。奇怪的是，許多人，特別是出類拔萃之士，因為缺乏朋友所進的忠告，鑄成大錯，並做出極為荒唐的事，

致使其聲名與際遇均大受損害。這些人正如雅各所說的那樣：「有時照一下鏡子，然後很快就忘了他們自己的相貌。」

就事業上的忠告，倘若有人認死理，他可以說：兩隻眼看到的不見得比一隻眼多；或當局者看到的總比旁觀者有數得多；或者，一支老式毛瑟槍用手托著和支在架上射擊都能打得一樣的準；以及其他愚頑高傲的妄想，以為光靠自己就夠了。但歸根結柢，能使事業走上正軌的還得有賴忠告之助。在這一點上，假如有人欲接受別人的忠告，卻想用零敲碎打的方法，一件事上問這人，另一件事上問那人，也說得過去；即是說它好過什麼也不問。不過，這樣做是在冒二種險：一種危險是除了道地、忠實的朋友之外，誰也不會進忠告的，而且出主意難免有被歪曲、偏向進言者個人之私利的；另一種危險是，有了忠告，用意固然也不錯，但卻是有害和不保險的，既可惹禍，也可消災，甚至有如你請來一位醫生，你以為他擅長醫治你的病，而他卻不熟悉你的體質，故此，他或許可治癒你現有的病，卻會危害你其他方面的健康，結果是治了病症卻害了病人。但是，完全瞭解你事業的朋友，則會小心謹慎，既可推動你現有的事業，又不致於招致其他麻煩。因此，不要指望零散的忠告，他們與其說是使人安心，為人指導，不如說是使人分心，為人誤導。

友情不僅有這二個出色的功效：情感上得到了安定，理智上得到了強化；還有最後一種功效，那就是它有如石榴一樣，裡面都是種子，這裡特指友情在任何事務和任何處境中都是有所幫助的。看看生活中有多少事情是自己辦不了的，然後，我們就會明白。古人所謂的「朋友是另一個自我」還是說得不全對，因為朋友遠比自己用處大得多。人生有返，死時常有一些未了的大心願，如子女的婚事、工作的完成等等。擁有一位摯友，人就大可放心，因這些心事會有人在身後予以照料的。故此，簡直可以說，因這未了的心願，人有二條命活著。

一人一個身體，且此身體受限於一個地方。但有了友情的話，人生一切大事都可說不愁無人辦了，因為可請朋友代勞去做。礙於面子和身分的原因，人不能親自去說或去做的事真是太多了！人要謙虛，就連自己的功勞也不要認，更不要說表揚和誇讚了；人也往往不能低三下四地去央求別人，等等可

類推的事還很多。但是，這種種在自己口裡說出來難為情的事，在朋友口裡說出來卻很體面。同樣地，許多身分上的關係問題也是人不能置之不理的；對兒子說話就得像個父親；對妻子說話就得像個丈夫；對仇敵說話就得保持尊嚴，但對朋友說話卻就事論事，無須講究身分。

這樣的事多得不勝枚舉，最後我要做出結論：那就是，當人有事而不能親自得心應手地去做時，如果他沒有朋友的話，那就該靠邊站了。

【賞析】

朋友等於一切，世間一切美好的事物所包含的三大特質，友誼兼而有之：真、善、專一。

良友難逢，如不懂得如何加以選擇則更難求。保住老朋友，比結交新朋友更重要。交友應該尋求那些可長久相處的人。今天新交初識，他年自成老友故人。最好的朋友是那些歷久彌新，能與你共享生活的體驗者。人生無友如同荒原廢地。友誼使快樂加倍，憂患減半，是安慰厄運、失意的不二良藥，是滋潤靈魂的甘醇良方。

論消費

賺錢是為了花錢，這是一個淺顯而又寓意深刻的道理，而花錢還應當有用和恰當。

所以，大筆的開支是必須根據它的用途和價值大小為度的，要知道為了祖國有人甘願破產。而日常的開銷則應該以個人的財產多少為度的，必須要根據自己的能力來確定支出，不要被僕人所欺瞞，並盡可能把一切都安排得體面些，使實際開銷遠遠低於外人的估計。

很顯然地，一個人如果只是想保持收支平衡的話，那麼，他的日常消費當是他收入的一半，而如果想變得更加富有的話，那麼他的消費就應該不超過收入的三分之一。即使是最偉大的人物，屈就一下來檢查自己的財產也絕不是有失身分的事情。有些人不去做一些事情，這不僅僅是因為疏忽大意，而是因為害怕發現自己已經破產了，從而使自己感到沮喪。但是如果不探查傷口，那麼傷口是不能治癒的。凡是根本不能檢查自己財產的人，就必須用人得當，還必須經常調換他們，因為新僱傭的人可能會很膽小而不是狡詐。即便能夠偶爾檢查自己財產的人，也有必要把一切收入和支出固定下來，以保證收支的平衡。

如果某項開支增加了，那麼就必須在其他項目上加以節儉。比如，如果在飲食上開支大了，那麼就應當在衣著上節儉，而如果在住房上開支大了，那麼就應當在馬廄上節儉，其餘依此類推。在每一項開支上都大手大腳的人，是會傾家蕩產的。

對於那些還背負著債務的家庭，如果想要清償欠債，那麼在消費上就不可操之過急，否則就會把償還的期限拖得太長，這樣對自己也是不利的。因為，長期支付利息是不划算的，但是為了急於把債務還清而出售財產，也多半是要吃虧的。另外，一下子就還清欠債的人往往是還會去再次借貸的，因為他一旦發現自己已經脫離了困境，就會重走老路，而慢慢地償還欠債的人，就會逐漸養成一種節儉的習慣，這既有益於他們心態的健康，也有益於他財產的增加。

不甘落後的人是不能輕視小事的，在一般情況下，與其低聲下氣地去賺取一些小利，倒不如體體面面地節省一些小錢。對於那些屬於開了頭就會收不住的連續性開支，應當三思而後行，對於那些不會重複的一次性開支，大方一回倒也是沒有什麼妨礙的。

【賞析】

　　開源與節流是致富的二種方法，開源固然重要，但不節流亦不可，不會理財，再「開源」也會使錢財耗盡。量入為出與放縱消費是二種截然不同的理財思想。

　　自己有多少收入，就恰當地安排多少支出，並略有節餘，那麼自己的生活才有快樂可言。

　　倘若自己的支出只滿足自己的消費欲望，而不考慮收入有多少，那麼生活終將陷入痛苦的深淵。舉債過日子不是一種時髦，而是活受罪。享受的背後只會是無盡的煩惱，因而這樣的生活要不得。

論養生

　　人們常說養生有道，而這道不僅僅在於醫術的高低，而是在人本身。當自己知道了什麼東西對於身體是有利的，什麼對身體是有害的，並且嚴格地加以遵循，那麼這就是最好的保健方法。但是，我們與其說「此物於我無害，不妨用一下」，不如說「此物於我無益，最好戒一下」，這在結論上更為穩妥一些。少壯時體力強健，任由自己放縱無度，這種透支是一筆到了年老要還的債。要覺醒年齡的增加，別老是想做和以前相同的事，因為年歲不饒人。

　　突然改變飲食習慣的時候要小心，如果需要改變一種飲食習慣，那麼需要對飲食結構全面重新調整一次，使之適應。因為身體上的事和國事一樣，都有一種神祕的現象，就是單單改變一事，不如配套改變多事來得妥帖可靠。

　　檢討一下自己的飲食、睡眠、鍛鍊、衣著等習慣，並且嘗試逐漸戒除自以為有害的習慣。不過在改變時，如你對此改變感到不適的話，就該恢復到原有的習慣上去。很難從一些行之有效的個案中間，挑出既可推而廣之，又可適應閣下自己體質的、有利於身心健康的方法。

　　長壽的最佳法則之一是：在吃飯、睡覺、運動時要心無雜念，輕鬆愉快。至於心裡的情緒和思緒，對各種嫉妒、焦慮鬱積的怨氣、玄虛疑難的追究、過度的興奮和無以分擔的憂傷，都應避而遠之；而對樂而不淫的事，多趣而不奢華之事，引人憧憬和仰慕以及因之而來的新奇感，能以諸如歷史、寓言、自然研究等美好事物充滿人心的學問，都應進行有益的思考以滋養心靈。

　　如果你在平時健康的時候完全拒絕藥物，一時生病，身體也許會不適應治療。但是身體沒病的時候不要濫用藥物，否則疾病降臨，藥物可能失去效果。

　　不可小看身體上任何小毛病，而應求醫。生病時以調養為主，調養時以鍛鍊為主。平日就注意鍛鍊身體的人，如果生病不重的話，大多只須調節飲食和休養，就可健康。

帕拉塞爾蘇斯提供了一條高明的養生長壽之道：人當變換嘗試一下截然不同的事，不過要側重有益於人的一方面。如禁食和飽餐都要有所嘗試；對熬夜和早起都要有所嘗試；對靜坐和鍛鍊都要有所嘗試，如此類推。要是帕拉塞爾蘇斯不是兼醫生和哲人為一身的話，讓他僅憑醫生之身分，那是永遠也說不出這種話的。照他所教的去做，既可健身，又可益智。

有些醫生過於順從和遷就病患的脾氣，而不抓緊做真正的治療；又有些醫生過於刻板地照教條辦事，而不充分注重病患的病情。找醫生時，最好找一位性情折衷的；或者，若找不到一個有此性情的人，就從這二種醫生中各請一位，綜合起來而用。但千萬不要忘記，請醫生時要請有醫道、同時又是最熟悉你體質的良醫。

【賞析】

生老病死是每一個人必須去面對而很多人又害怕面對的問題。隨著物質水平提高和文化修養深化，養生成為都市很時尚的話題。

如何去做得更好呢？培根用淺顯而清晰的解釋告訴了人們養生的法門，那便是身心結合。所謂身，指身體的健康。如何保持身體健康呢？一要注意飲食合理；二要進行適量鍛鍊；三是當身體偶有小疾時，要及時治療。

其次是心。所謂心，指心情愉悅，世間萬物在你眼裡要達到形同虛設，人間喜、怒、哀、樂，要以平常心待之，清心寡慾是養生的真正祕訣。

論猜疑

　　思想之中的猜疑，如同鳥群中的黑蝙蝠，永遠在黑暗中飛翔。它們是應該被驅除的，或者至少也是應該被加以限制的。因為猜疑會蒙蔽心智、離間朋友，也會為事業帶來困擾，讓它半途而廢。

　　猜疑常常會讓君主變得暴虐，讓丈夫產生嫉妒，讓智者變得優柔寡斷。猜疑並不是一種心病，而是一種腦疾，因為即使是意志最堅強的人也免不了會生疑。譬如英國國王亨利七世，他生性多疑，但是他比任何人都勇猛。而且，像他這種氣質的人，猜疑是不會有大的妨礙的。因為當他心中產生疑忌時，他並不會貿然相信這種疑忌，除非對這些可疑之處的真實性進行了認真細緻的分析和考察。而對一個膽怯的庸人來說，這種猜疑則可能立刻就會阻滯他的行動。猜疑的根源就在於對事物缺乏清醒的認識，所以多瞭解情況是解除疑心最有效的辦法。

　　那麼人們又渴望什麼呢？難道他們認為與他們打交道的人都應當是聖人嗎？難道他們以為人應該杜絕一切為自己謀算的私心雜念嗎？

　　如果你產生了猜疑，有所警惕可以保護自己，但又不要形之於外。這樣，即使這種猜疑是有道理的，因為你已經預先作好了準備，所以也不會受到危害，而當這種猜疑沒有道理時，你又可以避免因此而誤會了好人。

　　頭腦本身所做出的懷疑，只不過如蜜蜂的嗡嗡聲而已，但人為培植的並透過別人的流言蜚語、私下議論而產生的懷疑，則有了蜜蜂的螫刺。不可否認，在同一個懷疑的樹林裡，尋找解決途徑的最佳方法就是，開誠布公地讓他的懷疑與他所懷疑的一方進行真誠的交流，因為這樣一來，他就一定會對他所懷疑的對象多一些瞭解。除此之外，還一定會使對方更加慎重，而不會造成進一步的懷疑。但對於那些秉性卑劣的人來說則不可能這樣：因為秉性卑劣的人一旦發現自己受到懷疑，就永遠也不會再真誠。

　　就像義大利人說的：「懷疑允許忠誠離開。」好像懷疑為忠誠發放了護照一樣，這種說法不正確，其結果不是消除猜疑，而是加深了誤會。

【賞析】

　　一個人如果心理不夠健康，那麼便會歪曲地理解別人的善意、正常的言行。心理不健康的人往往缺乏自信，此類人總是以別人的評價來衡量自己言行的是非標準，很在乎別人的說長道短。而當別人的態度不夠明確時，很容易從不利於自己的方面去猜疑、懷疑。

　　毫無疑問，猜疑是人際關係的大敵，它會破壞朋友間的友誼，疏遠人與人之間的關係，無端地挑起朋友間的矛盾糾紛。生活在猜疑中的人，都鬱鬱寡歡，缺少內心的寧靜。因而，培根告誡大家，當你產生猜疑時，有所警惕可以，但不要形之於外，這樣才能保護自己，不誤會他人。

論言談

　　有些人在其談吐中，寧願以能言善辨之口才博取機智的名聲，也不肯靠分辨是非之見識，獲得明察的評價；好像說話的形式比到底說了些什麼更為重要。有些人津津樂道於某些眾所周知的事情，而且缺乏新意。知識的缺乏會造成說話無比的單調、令人生厭，這種人一旦被識破，就難免貽人笑柄。

　　一個真正善於談話的人，必定是一個善於引導話題者，他們能使無意義的談話變得風趣起來。這種人可以說是社會談話中的領舞者。在一次交談或者演講中，變化多樣會收到更好的效果，可以摻雜進現場的爭論、推理性的小故事、利用提問引起注意然後自己再做出回答、真誠地取笑。因為單調無聊的談話會令人生厭。不過說到取笑，有些東西絕對不應該當作取笑的對象，例如關於宗教信仰、政治事務、偉人、他人事業的價值，以及任何值得同情的事情等等。在有的人看來，如果說話不夠刻薄尖銳，便不足以顯示自己的聰明，這種想法應該加以抑制。古人奧維德關於騎術的話說得好：「孩子，要少抽鞭子，但要勒緊韁繩。」

　　對於善良的批評還是刻薄的嘲諷，人們一聽便知。那些喜歡出口傷人、天性尖酸刻薄者，自己以為別人會畏懼自己的尖銳，恐怕到頭來要害怕被傷害者的記憶力和報復心。談話中善於提問的人，必能學習更多的東西，特別是所提問題恰巧是被問者的專長時，那就比直接恭維他還能博得他人的好感。

　　這樣做，他就向被問者提供了一個一吐為快的機會，而他自己也可以進一步獲取知識了。但是注意不要把提問變成追問，使被問者煩惱難堪。談話中還要注意留給別人發言的機會，應當使在座每個人都擁有發表看法的機會，以免有人被冷落。遇到有人獨占談局，占去許多時間，那麼主人就應該設法打斷，引導別人接著說，就像樂手利用音樂打斷跳得過長時間的舞蹈者一樣。還要記得，善於保持沉默也是談話的一種技巧。因為如果你對於你有所瞭解的話題能夠保持沉默，那麼在遇到你不瞭解話題的情況下，你保持沉默就不會被人們視為無知了。

說自己時應少說為佳，應當慎言。有一個人，習慣用這樣的話諷刺一個自吹自擂者，說：「他那麼肆無忌憚地談論自己，一定是一個非常聰明的人。」只有在一種形式下，人既能稱讚自己又能顯得優雅高明，這就是讚揚他人優點，以此來襯托自己的優點。

少說傷人的話；談話的範圍應當廣泛，好像一片開闊的原野，而不要成為一條容納自己一個人的單行道。

談話時不可出口傷人。有二位貴族朋友，其中一位保持著貴族好客豪爽的傳統，經常宴請賓客，但是他慣於嘲弄罵人。於是另一位便經常問那些參加過他家宴會的人，「請說實話，這次宴會上難道從來沒有人挨罵嗎？」等客人談完各式各樣的經過後，這位貴族就微笑說：「我想他會把一頓好晚餐給搞砸的。」

演講中判斷力比雄辯更為重要，言行一致比華麗辭藻、恢弘的結構更為重要。演講者不善於對話問答則顯得遲鈍，善於問答但沒有原則則顯得淺薄輕浮。就像我們觀察到的野獸，那些善於繞彎子的往往實際上很虛弱，比如野兔。說話引用很多，繞彎子使人疲倦，但是什麼都不用、直奔主題又會顯得生硬唐突。

【賞析】

討好一個人有時候很困難，而得罪一個人卻往往很容易，只要不經意的一句話就可以。所以，說話一定要講究藝術，說話宜少不宜多，宜小心不宜大意。

說話時盡量委婉平和，點到為止，絕對不能快人快語，以自己的好惡一吐為快。什麼該說，什麼不該說，自己一定要有分寸。假如自己不會說話，儘管出發點是好的，但是因為自己把好話當做惡語來說，也會遭人討厭，弄僵雙方的關係。讚美的語言盡量要多說，損人的語言最好別說。

論財富

將財富比做德行的累贅再恰當不過了。

在拉丁語中，財富與輜重、行李、包袱是同一個詞，這一點是值得深思的。在軍事上，輜重是不可缺少的，但也會成為累贅，軍隊往往為了保護它們而打敗仗。

實際上，過多的財富毫無意義，因為一個人的需要是有限的，倘若超過了這種需要的錢財，那財富便是多餘的了。所以所羅門曾經說過：「財富多的人誘使人去漁獵，而對於人生來說，除了飽飽眼福以外是沒有什麼用的。」對一個人來說，當財產達到了某種限度以後，他便不能夠很好地消受。他可以儲藏財富，也可以把它分配或贈送，或者用它來換取名聲，但對於他本人來說，巨大的財產只是身外之物，是沒有什麼用處的。

或許有人會說，財富可以打通一切關節，救人於水深火熱之中。所羅門說「錢財在富人心裡就像一座城堡」，這句話正好道破了天機，那城堡是在心裡，而並不是存在於現實之中，因為不可否認，錢財給人們招災致禍的時候遠遠多於為人消災化難的時候。千萬不要為了炫耀而追求財富，而是應當取之有道、用之有度、施之有樂的獲得和運用錢財。

當然，也並不是主張對金錢不屑一顧，像修士似的不食人間煙火是不必的，因為你不是修士，只是賺錢要分清有道無道，就像西塞羅當年替波斯圖穆斯辯護時所說的：「他追求財富的增加顯然不是為滿足他的貪婪之心，而是為了在行善中得到快樂。」我們最好還是聽從所羅門的教誨：「不要急欲發財，急欲發財的人將會以失去清白作為代價」。

浪漫的詩人們虛構了一個優美的故事：當財神被主神朱庇特所派遣的時候，他步履蹣跚，行進緩慢，但是當他被冥王普魯托所派遣的時候，他卻是在飛奔，步伐迅速：這意思是說，透過正當的手段和靠勞動所獲得的財富，是步伐緩慢的，但是當財富是由於別人的死亡而得到的時候，也就是財富驟

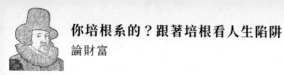

然落在人的身上時，則是十分迅速的。這個道理同樣可以用在普魯托的身上，把他視為魔鬼，當財富是來自魔鬼的時候，財富的增長是迅速的。

致富的方法有很多，而它們大多是不合理的。吝嗇是最好的致富道路之一，然而這種做法卻並不是清白的，因為吝嗇的人絕不會做出樂善好施的舉動。改良土地是獲得財富最為自然的方式，因為那是我們偉大的大地母親的賜福，但這種獲得財富的方式是緩慢的，然而如果富有的人能夠屈尊從事農業生產，那麼他的財富就會快速地增加。

有一位英格蘭紳士，他擁有這個時代最多的財產，他是一位大牧場主、大森林主、大煤礦主、大農場主、大鉛礦主、大鐵礦主，同時還在其他幾個方面對資源進行了妥善的使用，這樣一來，就可以永無休止地獲得收入，大地對他的恩賜是那樣的無私。

賺一丁點財富很困難，掙大筆財富卻很容易，這句話有一定的道理。創造財富需要本錢，本錢越大利息就越多。因此，有錢人可以變得更加有錢，而小資產者沒有資本增值，只能老老實實地賺錢。

從正常的生意和工作中賺得的是規規矩矩的錢，主要有二種途徑來獲取：一是勤快，二是有誠信的好名聲。而用投機取巧的手段做成的生意，所獲得的利潤則有見不得人的地方。當人有急需的時候，卻使用騙人的手腕使人上鉤，再用詭計排擠其他誠實的商人，這些做法，都是奸詐下流的。至於有人在購物時使勁講價，不是買來自用，而是為了轉手倒賣，他的行為通常是榨取賣者與買者雙方的利益。與人合夥做生意，合作夥伴的選擇是極其重要的，合作得好，確實能夠發財致富。

高利貸能夠獲取暴利，但也是罪惡的方法，這種方式使放高利貸者坐享他人汗流滿面所獲得的收成，同時，連每個禮拜日都是要計息算利的。放高利貸雖然穩賺，但也不是沒有風險，因為仲介人和經紀人常常會為了自己的利益，為信用不佳的人吹牛。

獲得某種技術專利，取得某種專利的特權，也是使人暴富的方法之一，比如那位取得加那利群島上製糖專利的擁有者。所以一個人如果能夠充當真

正的邏輯學家，也就是說，他既善於發現問題又善於判斷問題，那麼他就可以大撈一把，尤其是遇到運氣好的時候。僅僅靠固定收入生活的人是很難成為富翁的，而傾其所有進行投機生意的人又往往會傾家蕩產，所以最好的做法就是有一份穩定的收入作為投機冒險的後盾，這樣即使投機失敗也有退路。

取得壟斷或囤積居奇，倒買倒賣那些尚未受限的商品，也是一種很好的致富方法。尤其是當壟斷者事先知道哪種商品將會供不應求的時候，搶先大量地買進。靠為人做事賺錢固然是清白的，如果是透過低劣的阿諛奉迎來獲取酬金，那麼這種錢將是最卑汙的一類。至於用不正當手段攫取遺囑及遺囑執行人的身分來獲取財富，這種行為比前者更加卑鄙，因為前一種人討好的畢竟還是老闆，而後一種人卻是在討好一些卑鄙小人。

不要信任那些看上去蔑視財富的人，他們蔑視財富是因為他們無法得到財富。如果他們一旦擁有了財富，那麼恐怕沒有人會比他們更敬奉財神了。不要吝惜小錢，錢財是有翅膀的，有時它自己會飛走，有時你也必須放它飛，只有這樣才可能招來更多的錢財。

人在生命的最後，如果不把錢財留給親屬，那麼就只能留給社會。但所留遺產的數量應當適當。給子女留下一份巨額的財產，對他們來說未必就是愛。如果他們年輕又缺少見識的話，那麼這份家業反而可能會招來許多鷹隼的糾纏，把他們當作被圍捕的獵物。同樣地，為虛榮而捐贈大筆的款項、基金等，更像是不撒鹽的祭品，不可能長久得到保存，還可能會變成一座精心粉飾的墳墓，外表好看裡面卻滋生腐敗。遺產的饋贈，最好在生前，而不要等到死後，因為活著贈人禮物是一種恩惠，而死後留給別人的東西，只是自己已不能享用的東西。

【賞析】

「財富」二字無論在哪都能激起人們強烈的興趣，因為它就像永不疲乏的神，人們不管有什麼意願，想要什麼，它總能立刻變成什麼。

「財富」實際上已經成為衡量人的身分、地位、能力的標尺，對財富的追逐也已成為人們心中的一個結。每一個生活於物欲橫流時代的人都應當以一種正確的態度去對待財富，如此才能合理地打點自己的財富。

論預言

在這裡談論的所謂預言，並不是神的預言，不是異教徒的神諭，也不是關於自然界的預測，而只是那些被人們所記得的，而原因又是祕而不宣的預言。

荷馬史詩中有一個預言：埃涅阿斯將統治所有的海岸地帶，子孫後嗣世民代代不絕。

這個預言似乎是關於羅馬帝國的興起。悲劇作家塞內卡有過這樣的預言：大海，將解開她的衣服，呈現廣大的胸膛。狄菲斯將發現一片新的天地，圖勒不再是海洋的邊緣。

後來發現新大陸將印證這一預言。

波呂克拉特的女兒夢見朱庇特為她父親洗澡，阿波羅為他抹油，結果波氏被釘在露天處的一個十字架上，他在那裡被曬得渾身是汗，再被雨水沖洗；馬其頓王菲力普二世夢見他把妻子的下腹給封住了，於是硬說他妻子生不了小孩了，但預言家阿里斯坦德卻對他說，是他妻子懷孕了，就像常人不會去封住空瓶一樣；那個在帳篷裡出現在布魯圖身邊的幽靈對他說：「你會在濟力比再見到我的。」提貝里烏斯曾對加爾巴說：「加爾巴，你也會嘗到王權的滋味。」

羅馬在維斯帕先統治的時代，東方盛傳一個預言，說是來自猶太的人將統治整個世界。這一點固然可以視為是指救世主耶穌而言，坦塔西論卻硬說是指維斯帕先。

羅馬皇帝圖密善在被刺前夕，夢見自己脖子後面長出一個金頭來，結果，其繼承人的確成就了多年的太平盛世；英王亨利七世小時候有一次端水給英王亨利六世，亨利六世說：「這小傢伙才是將來享用我們爭來爭去皇冠的人。」

一個名叫帕納的醫生說過一個故事，說法國皇太后當年迷信法術，便把其夫的出生日期冠以假名，拿出去叫人卜算。占星家斷定說，此人將死於決鬥中。太后聽後大笑，心想她丈夫才不需要接受人的挑戰或決鬥之事。但是，

後來在一場馬上競技的比賽中，國王果然被殺，衛隊長蒙哥馬利的矛頭碎片誤入其面甲裡。

在伊麗莎白女王的鼎盛期，有這樣一個在當時廣為流傳的預言：當麻織成了線，英格蘭便完了。

大家通常都把預言解釋為當女王繼位之後，英格蘭就要天下大亂了。因為把英國幾位歷代君主的名字的頭一個字母（就是 Henry、Edward、Mary、Philip 和 Elizabeth）排列起來，就有了預言中的「hempe」這個字。預言似乎說，等到這幾位君王（亨利、愛德華、瑪麗、菲利普和伊麗莎白）的時代過後，英國就會陷入動亂解體的危險中。這事多只是應驗在國名的更改上：國王如今的尊稱不再是英格蘭王，而是不列顛國王。

還有一個在一五八八年前流傳的預言，意思讓人很難理解透澈：

「等著瞧吧，

在鮑奧島和梅伊島之間，

挪威的黑色艦隊。

當它來了又去了，

英格蘭就要建造石灰和石頭房子，

因為戰事一過，也就不再打仗了。」

這個預言在一般人看來就是指一五八八年來的西班牙艦隊，因為據說西班牙國王的姓氏即為挪威。

雷喬蒙塔努斯的預言是：「一五八八年，一個奇年。」這個預言同樣也是在西班牙艦隊的遠征上應驗了。在海上游戈的軍艦中，這個艦隊不是艦數最多的，卻是力量最強的。

至於克里昂的夢，那一定是個笑話，說他夢見自己被一條巨龍吞下肚去，有解釋說那是一個作香腸的人曾經找了克里昂很多的麻煩，特別是把夢和占星學的預言包括在內的話。

之所以列舉幾個有根據的例子，目的只想告訴大家對這些東西都應一笑置之，將它視為冬天火爐前聊天的笑料而已。這樣說的意思，就是不值得去信；但在其他方面，傳播、散布這些東西的行徑是絕不可一笑置之的，因為這些東西貽害無窮，事實上有許多嚴厲的法律對其予以禁止。

　　預言之所以大行其道，又為人所信，乃是因為三方面的原因：第一是人們只記錄已應驗的預言，而不記錄落空的預言，像人們對於夢的態度那樣。第二是模棱兩可的推測或曖昧的傳說常會演變為預言，而人類天生渴望預知未來，認為將他們推測的東西預告一下沒有什麼危險。就如塞內卡之詩作一樣，因為那時有很多可證明的看法是，認為地球在大西洋的西面還有很多地方，且這些地方未必就是汪洋大海；加之柏拉圖的《蒂邁歐》及他的「大西島」的傳說，就可以激發人將這種說法變成一種預言。第三點，幾乎所有這些數不勝數的預言，都是騙人的，是徹頭徹尾由無聊和詭詐之徒在事後憑空捏造出來的。

【賞析】

　　何為預言，預言是對未來某事物的一種猜測，一種設想，是沒有科學根據的胡言亂語。

　　培根在論預言中透過例子告訴大家，歷史上有記載的所謂預言都是已成事實的歷史事件，是這些所謂的預言家和好撒播輿論者別有用心的陰謀。事實上，所有的預言只不過都是那些無聊的詭詐之徒在事後憑空捏造的把戲，是一種並不高明的騙術。故此，我們對預言的態度應如同培根所說的一樣：權當它為冬天火爐前聊天的笑料。

你培根系的？跟著培根看人生陷阱

論野心

論野心

野心好比體液中的膽汁，倘若分泌順暢，便會使人活躍、認真、敏捷、激奮;但倘若它一旦受阻，不通暢時，就會使人變得焦躁，進而較為惡毒的了。因此，當野心家找到他們成功的途徑並且持續發展的時候，他們與其說是危險，不如說是忙碌。但是當他們的野心受阻、心懷不滿的時候，他們在看人看事的時候就將使用那種「凶狠」了。這時他們將幸災樂禍，只能從他人的挫折中感受愉快。這種人將是國家最危險的臣民，君主必須善於駕馭野心者。

倘若君主用這種人，最好能安排他們一路有升無降，但這樣做太麻煩了，因為他不得不不斷提升他們，否則野心家可能毀掉自己與自己所承擔的事業。因此我們說，最好不要用有野心的人，除非有這種必要。

下面我們談談哪種情況下必須使用有野心的人。

例如在戰爭中，必須挑選好的指揮官，那些人不從來都是野心勃勃的嗎？他們的獲得使用都是在排除別人的基礎上，並且，一個沒有野心的士兵就如同沒有馬刺的馬，不會拚死向前的。

有野心的人還有一個很大的作用，就是作為君王的屏障，特別是在那些危險和充滿嫉恨的事情中。沒有人會選擇那種任務，只有野心家會，因為他就像一隻被野心蒙蔽了眼睛的鴿子，看不到自己，只有不停地——一飛再飛。

野心家也被用來做權力鬥爭的工具，利用來顛覆那些高高在上的政敵。例如提貝里烏斯皇帝就曾任用有野心的馬克羅去顛覆他的政敵塞揚努斯（編按：羅馬皇帝提貝里烏斯時代的禁衛軍長官，深得提貝里烏斯信任，大權在握，聲勢顯赫。後來其心懷巨測，誘好皇帝的孫侄媳，並讓她毒殺親夫。於皇帝在喀普瑞島上休養時，讒逐皇后。皇帝提貝里烏斯終於生疑，遂遣馬克羅到羅馬，用計解除其兵權，而後殺之。馬克羅遂代為禁衛軍長官）。

如果在某些情況下，必須使用野心家，那麼我們可以討論一下如何為馬拴上轡繩，抑制他們的欲望，使他們的危險性能夠小一些。野心家如果出身卑賤，比出身名門世家的野心家危險性小一些；直白坦率的野心家比高尚受

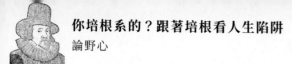

歡迎的野心家危險小；爆發型的野心家比苦心經營的野心家危險小。寵愛新的野心家被視為是君主的缺點，但是在所有抑制野心家的措施中，這是用來對付既有野心家的最好方法。還有就是任用一些和野心家一樣高傲的人來平衡他們的勢力，但是這麼做必須有一個前提，朝廷中還有一批立場公正的大臣，能夠客觀穩定地看待事物，如果沒有這些大臣作為鎮船之物，國家只能在政治波濤中顛簸以致傾覆。

至少，君主可以鼓勵、默許某些卑鄙小人，讓他們來為野心家設置障礙。暗中設置某種監視和障礙，也許能阻礙性格比較怯懦、野心較小的人，但對於性格堅毅而剛強的野心家，就可能使他們撕下偽裝，生出變亂。如果形勢需要必須剷除野心家，突然襲擊也許並不奏效。

在各式各樣的野心中，那些只想在大事上出風頭的野心家，比那些事事都爭強好勝的野心家為害少些，因為後一種人惹是生非，又常壞事。不過，讓一個有野心的人自己在工作上忙來忙去，比讓他在其擁護者那裡受仰慕要危險小些。

謀求成為偉大的人物，謀求不同凡響的野心，對社會可能還有益處，但是那種否定別人的一切，認為只有自己才是獨一無二的野心家，則是社會中的毒瘤。

有心爬上高位的野心家可能懷有三種動機：一是取得為民眾謀求福利的有利地位；二是接近國王和其他首腦，取得權勢；三是取得富貴。

懷有第一種抱負的人，令人欽佩，是明智的哲人，君王如果能夠識別這種人，則是一位偉大賢明的君王。一般來說，君王或者國家在選擇廷臣的時候，應選擇那些把責任看得比權位更重要的人，並且君王應該善於區分遠大的抱負與自私的野心。

【賞析】

野心是一帖迷失心靈的毒藥。一個人，一旦心中充滿了這種激情，它就既容不下競爭者，也容不下繼任者。

有一些路人皆知的政治野心家的例子，他們把個人野心置於黨派和國家責任之上。歷史上曾發生過許多政治黨派的前途被個人野心毀掉的例子。

　　把個人野心置於應盡的責任之上是相當危險的，尤其是對於當權的政治家來說，這種危險更是巨大無比。因此，對那些野心家我們應隨時提防。

論人的天性

　　人的天性往往隱藏很深，有時可以暫時克制但是很難完全根絕。壓抑天性，反而會使天性表現得更加強烈，教誨和交談，可以消除天性帶來的煩惱，但是習慣，卻可以改變和制伏天性。

　　凡是希望戰勝自己天性的人，不要為自己定下過大或過小的目標，因為目標過大會使他因為經常失敗而沮喪；而過小的目標儘管可以使他經常獲得成功，但取得的進步卻很小。在開始時他應該藉助別人的幫助來行動，就像藉助充氣皮囊的幫助來學習游泳一樣，但是過了一段時間之後，他就應該在不利條件下行動，就像舞蹈家穿著厚厚的鞋子練習跳舞一樣。因為，如果練習比應用還困難，那麼就會產生巨大的完美。

　　倘若天性的力量異常強大，而你又很難取得對它的勝利，那麼就應該保持這樣的狀態：首先是及時抑制和控制住天性，就像人在憤怒的時候背誦那二十六個字母一樣，然後逐步在數量上減少，就像人在戒酒的時候，從開懷暢飲逐漸到一餐喝一杯，一直到最後完全戒掉。但如果一個人有那種剛毅和決心，能夠使自己立即獲得解脫，那當然是最理想的。

　　羅馬著名詩人奧維德亦說：「一舉掙斷鎖鏈的人，才是靈魂最自由的人。」

　　還有一種古已有之的定律，現在看來仍然是不錯的，就是反向利用你的天性，就像把一根彎曲的棍子弄直，需要反過來彎一樣。但也不要矯枉過正，否則就會產生負作用了。

　　一個人若想培養一種新習慣，切忌持續不斷地進行，而應該適當地停歇下來好好反思，回顧一下哪些措施不是足夠好。為什麼要如此？因為稍事停頓，可以對新的開端造成強化的作用，其次，一個並非十全十美的人，如果總是在不停地訓練，那麼他就會在提高自己能力的同時，也強化了自己的缺點，而且把這二方面一併帶進了一種新的習慣。在這種情形下，如果不用適當的時機間歇的話，將會造成巨大的危害。

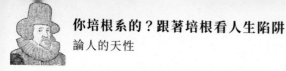

人不能輕信一種天性，因為天性是狡猾的，它會在你警惕時潛伏下來，而在你放鬆時又溜出來。就像伊索寓言中那隻貓一樣，雖然變成一個女人，安安靜靜地坐在餐桌前，但是當二隻老鼠出現的時候，她還是會情不自禁地撲上去。對於一個人來說，應該有自知之明來避免這種現出原形的機會，或者乾脆始終保持高度的警惕，用這種機會考驗自己。

人在什麼時候最能察覺到人的天性呢？那便是獨處時，因為此時人沒有矯情。人在激動的時候會擺脫自己的戒律，再來就是處於新的情況或者嘗試做新的事情時，因為此時沒有慣例可以遵循。

天性與職業相符的人是幸福的人，否則的話，他們從事的是他們所不喜愛的工作，他們就會說：「我的靈魂一直是個寄居者。」

在學習上，凡是強迫自己去學習的學科，就應該為它規定學習的時間，而學習與自己的天性符合的學科，則不必費心規定時間，因為思緒會自己飛向那個學科，只要充分運用工作或者學習上的時間就可以了。

人的天性不長成穀物，就會長成雜草，因此應該為穀物澆水，且要把雜草除掉。

【賞析】

「江山易改，本性難移」，難移並非無法改變。人天性的形成，有先天遺傳因素，但更多的是後天環境的影響，誠如培根所言：「人的天性不長成穀物，就會長成雜草」，因此，倘若你想創造屬於自己的輝煌，那麼你就必須試著改變你天性中的不良習慣，如此才可能朝好的方面發展。

論習慣

人的性格影響人的思維；人的言論多取決於他的知識與思想，而行為卻多取決於他們長期養成的習慣。

馬基維利曾經說過一句絕妙的話：不要相信性格的力量，也不要相信言詞的大膽，除非它們有習慣作為支撐。他舉了一個例子（雖然是一個邪惡的例子），如果要實現一個你死我活的謀殺陰謀，在挑選刺客時，不應該找一個生性殘忍、凶猛或者決心堅定的人，而應該找那些手上曾經染過血的刺客。

也許馬基維利似乎不知道刺殺了亨利三世的克萊門特、刺殺了亨利四世的拉瓦萊克，以及行刺了威廉公爵的約爾基和杰爾德，這些都不是沾滿鮮血的職業殺手（編按：此處所說的幾位刺客都是十四、十五世紀時人。克萊門特行刺法王亨利三世；拉瓦萊克刺殺亨利四世；約爾基謀刺荷蘭威廉公爵，未成功，後來公爵被杰爾德刺死）。但儘管如此，他的話還是有道理的。天性、諾言的力量都沒有習慣的力量強大，許多時候，結果往往是從前做些什麼，後來依然做什麼，也許只有宗教狂熱的力量才可與之相比。除此之外，習慣的勝利隨處可見，以致一個人盡可以詛咒、發誓、誇口、保證——到頭來還是做和以前一樣的事情。好像一個人變成沒有生命，他的生活只是由習慣的車輪所推動。

我們可以靜下心來看看社會的習慣到底是什麼模樣。例如印度教徒（指他們中的智者教派），為了遵守宗教的慣例，竟可安靜地臥於柴堆上，引火焚身，讓自己作為犧牲品。他的妻子，居然也心甘情願地與丈夫一起成為火神的祭品。

古代的斯巴達青年，每年都要跪在狩獵女神神壇上承受笞刑，據說這樣做是為了鍛鍊吃苦的耐力。

在伊麗莎白女王時代的初期，曾有一個被叛死罪的愛爾蘭造反者，因為提出了這樣一個請求而受到了責難，他請求絞死他時依照他們本族的習慣用荊條而不用繩索；在俄國有些僧侶，據說是為了贖罪，要在涼水裡浸泡上一

整晚，直到水被冰凍為止。諸如此類的事例太多了，習慣不僅控制人們的心靈，而且主宰了人們的身體。

既然如此，人們應當透過各種方法建立起一種好的習慣。可以肯定的是，習慣如果從幼年就開始養成，最為完美，這就是教育為什麼在幼年時效果最好。我們知道，幼年學習過的母語，常常是終生不忘，而且運用自如，但是若是在中年之後再學的新語言，就遠遠不如母語流利了。在體育運動上也是如此，幼年時的鍛鍊使關節更為適合各種運動。當然也有一些人，性格似乎沒有被固定，易於接受新的習慣或者風俗，但這種人畢竟非常少。

此外，倘若說個體習慣力量異常強大的話，那麼一種集體的習慣，其力量更是強大無比。當然，健全的社會環境最有利於培養道德良好的社會公民，這思想是借用畢達哥拉斯的名言。有人問應如何教育子女，他答：「讓他在一個具有良好法治的社會中做一個好公民。」聯邦政體及其各級政府都是在助長已有的美德，而不太注重對美德種子的改良。讓我們感到可惜的是，最有效的方式，現在卻被用在了最不值得的事情上。

【賞析】

智者曰：播下一種心態，收獲一種思想；播下一種思想，收獲一種行為；播下一種行為，收獲一種習慣。好的習慣不僅能使一個人成功，而且能改變一個人的命運。壞的習慣不僅會導致一個人的失敗，而且可能過早地扼殺一個人的生命。好的習慣可以使你受用一生，而壞的習慣足以讓你痛苦一世。好習慣養成得越多，駕馭自己的能力就越強。習慣決定一個人的品行。

論幸運

不容置疑，一些外在的偶然因素常常會影響人們的運氣、愛好、機會、死亡以及施展才能的機會等等。但是人的命運主要還是掌握在自己手中，所以有一位詩人說過：「每個人都是自己命運的設計師。」

最快捷的成功方法便是抓住他人出錯的機會順勢取得成功。蛇必須吞食其他的蛇才能變成巨龍。顯而易見的優點固然令人稱道，但使人走運的卻往往是那些隱而不顯的優點，或者說是一個人自我表現的有效方式。

人的天性中並沒有障礙和乖戾，而當他精神的輪子與他命運的輪子一同運轉的時候，也就有了自信和從容的表現。所以李維這樣來描述老加圖：「他的身體和精神具有強大的力量，因而不論他生在什麼階層的家庭，他都會為自己贏得成功。」因為他擁有一種多才多藝的天性。因此，一個人如果用敏銳的視覺全神貫注地觀看的話，他就一定會看見命運女神，因為儘管她是盲目的，她卻並不是隱形的。

命運就像天上的銀河，它是由無數顆小恆星匯聚而成的，它們在一起放射出光芒，而不是分別放出光芒。同樣地，有若干個小的幾乎識別不出的長處，更精確地說是能力和習慣，它們會使人們走運。在這些長處當中有一些是人所難以想到的，但是義大利人卻注意到了。當他們談到一個不會出錯的人的時候，他們總是會在其他的條件中，加上這麼一句，說他有點傻氣，但這並不是說他老實透頂，這就是為人帶來幸運的二種無與倫比的特性。因此，極端的愛國者或忠實的僕人從來都不是幸運的，也是不可能幸運的，因為如果一個人不為自己考慮的話，那麼他就不是在走自己的路。突如其來的幸運，會把人變成投機家或見異思遷的人，而經過千錘百鍊後的幸運，才會把人造就成為人才。

我們崇敬命運之神，至少是為了她的二個女兒——一位叫自信，一位叫光榮。她們都是幸運之神的寵兒，前者誕生在自我的心中，後者則降生在他人的心目中。

智者不會向別人誇耀自己的成功，他們把光榮歸功於「命運的恩賜」。事實上，也只有偉大的人物才能夠得到命運的護佑。凱撒對暴風雨中的水手說：「放心吧，凱撒和你同舟共濟！」而克蘇拉則不敢自稱為「偉大」，而只是稱自己為「幸運的」。從歷史可以看到，凡是把成就完全歸功於自己的人，常常會得到不幸的結局。例如，雅典人泰摩索斯總把他的成就說成：「這絕非幸運的賞賜。」結果他從此就不再順利。世間的確有一些人，他們的幸運就像荷馬的詩句那樣順暢，例如普魯塔克就曾以泰摩列昂的好運氣與阿蓋西羅斯和伊巴密濃達的運氣相對比，但這種幸運的原因還是可以從他們的性格中找到答案。

【賞析】

　　幸運之神不會憑空地降臨到每一個人的頭上，只有那些充滿自制與自信的人才配享有幸運之神的恩賜。相反地，那些缺乏主見與自信的人，即使幸運之神降臨，他們也是抓不住的。

　　一位樞機主教說：「每個人一生中都會受到幸運之神的垂青，但是一旦幸運之神從大門進來後發現他沒有準備好迎接自己，就會轉身從窗子裡出去。」故而多數人皆與幸運之神失之交臂。

論老年與青年

倘若不曾虛度光陰的話，一位年輕人可能有老年人一樣的智慧和經驗，然而這畢竟是鮮見的事。

一般來說，青年人就像第一次思考，是不如反思來得睿智的。因為在思想上，也有像年歲上的青年一樣的一個階段。可是，青年的創造力要比老年人活躍，想像的靈感也更容易湧於他們的心頭，更靈活自如。

天性偏激、欲望強烈又焦躁不安的人，只有過了中年之後，才是成熟到了適合做事的年紀，正如凱撒和塞提米烏斯的情況一樣。對這位後者，曾有人說：「他年輕時放浪形骸，一塌糊塗。」但他恐怕也是羅馬皇帝中最能幹的一位。天性持重的人，是可以在年輕時就有所作為的，例如奧古斯都大帝、佛羅倫斯大公麥地奇以及加斯東公爵等等，就是這樣。另一方面，年紀雖大卻熱忱與活力不衰，就是大有作為的超凡氣質。

青年人善於創造而乏於思考；善於實做而乏於商討；善於新項目而不善於循規蹈矩。而對老年人來說，對在其經驗範圍內的事物，是可以駕輕就熟的；而對新的事物，其經驗則是無用武之地的。青年人犯錯會壞事，老年人犯錯則充其量是應多做的未做到，應早做完的延遲了而已。青年人辦事常眼高手低、虎頭蛇尾、急於求成，不問方法與難度可行與否；對偶然聽聞到的某種主義，便熱衷到荒唐的地步；不屑於改良，進而帶來預料不到的麻煩；糾正錯誤時一開始就用極端的補救方法，而且，即使這樣做會錯上加錯，也死不認錯，好像一匹受驚之馬，不肯停下來，也不肯轉個彎。老年人則對事否定得過多，顧慮得過久，冒險太少，反悔太快，很少將事情進行到底，反而卻以做得有些眉目了而自鳴得意。

因此，在用人時，最好兼用這二類人。這樣的做法能很快收到功效，因為這二種年齡的人可以互相取長補短；這也有益於後起之秀，因為有年長者在台上做事，年輕人可有所學習；還有最後一個好處，是有利於處理意外事件，因為老年人有權威，青年人又受人喜歡。

但在道德上，青年人也許要鮮明突出得多，就像在世故上，老年人要練達得多一樣。有經文說：「你們的少年人要見異象，你們的老年人要見異夢。」據此，曾有一位猶太拉比在釋經時推論道，青年人比老年人要靠近上帝一些，因為異象是一種比異夢更清楚的啟示。年長的益處與其說是意志與情感方面的美德增長，不如說是理解力的增長。

有些人在年歲上早熟，卻會隨時間而早衰。在這些人中，第一類是那些有點小聰明，但很快會江郎才盡的人，如修辭學家希摩熱內斯，其著作深奧至極，但他後來卻成了一個傻子。第二類是那些有某種天分，其氣質可在青年人身上發光，卻無法在老年人身上使其增色，比如運用流暢華麗言辭的氣質，它就是一種青年人用起來要比老年人更適合的氣質。因此，倪雪曾評論奧古修斯時說道：「當他的老一套對他不再適宜的時候，他還是照老樣子來。」第三類是那些一開始志向遠大，而後難以為繼的人，例如西庇阿就是這樣，事實上，李維說他是「有始無終。」

【賞析】

年輕人與老年人的最大區別莫過於年輕人擁有無限的激情，而老年人擁有寶貴的經驗，這也便是他們各自引以為傲的資本。隨著年歲的增長，年輕人的經驗會慢慢增加，同時其激情也會悄悄隱退，如何在這一變化中將自我保存在最佳狀態呢？一開始便吸取古人的教訓，時時警醒自我是最佳方法。

論美德

美德就像寶石，用樸素的背景進行襯托反而會更加美麗。同樣地，美德是一種內在美，內在美的人雖然沒有美麗的外表，但比起外在美的人，更讓人肅然起敬。

容貌美麗的人，未必會具有內在美。造物主似乎是公平的，給了你一樣東西，卻會拿走你另一樣東西。一些很美的人雖然很有教養，但卻沒有抱負，他們注重行為舉止，卻不注重美德。不過這種觀點並不是絕對準確，因為羅馬的奧古斯都、維斯帕先、法國的腓力四世、英國的愛德華四世、雅典的阿爾西比亞德斯、波斯的伊斯梅爾等（編按：奧古斯都和維斯帕先都是古羅馬著名皇帝；腓力四世，法國國王；愛德華四世，英格蘭國王；阿爾西比亞德斯，古希臘著名美男子；伊斯梅爾，波斯國王）都是品德高尚的偉人，也是他們那個時代最美的男子漢。

就形貌來說，自然之美要勝於服飾之美，而端莊優雅行為之美又勝於單純的容貌之美。但是，美的最高境界是無法具體表達的，也不是人們可以自己創造出來的。

高妙的美都有某種不可言喻的妙處。人們不知道阿波雷斯（古希臘畫家）和杜勒（德國畫家、雕刻家）哪一個更可笑滑稽，因為他們倆人，一個認為可以按照幾何比例構造一個完美的人，另外一個則認為透過擷取不同人身上最美的特點，可以合成一張最完美的人像畫。其實像這樣合成的美人，恐怕除了畫家本人的偏愛之外，不會有任何人喜歡。畫家無法畫出一張比以前存在更完美的臉；如果非要去畫，只能靠靈感（正如同音樂家用音樂渲染出一種美好的氛圍一樣）而不是依賴標準。一個人的臉，就部分來看也許並不優美，但作為整體卻非常動人。如果美的重要因素是一個人端莊優雅的行為，那麼一些老人顯得可親可愛也就並不奇怪了。有一句拉丁諺語說：「四季之美盡在晚秋。」一些年輕少年儘管外表很美，卻由於缺乏優美的舉止和修養，而僅僅徒有其表。

美猶如盛夏的水果容易腐爛而難以保存，世上有許多美人就是這樣，年輕時她們出賣美貌、消磨青春資本，年齡稍大時卻不受歡迎。因此，我們當然要拒絕這類事情的發生，如果美人能夠做得很好的話，會讓美德燦爛耀眼，使罪惡感到羞恥害臊。

【賞析】

　　「美」就像夏天的果實，容易腐爛無法長久。這便為「美」下了一個定義：世上沒有單純的「美」，它需要融合在現實之中，需要在特定的環境裡，離開現實和環境，美就失去了原有的光彩。

　　一個外貌很美的人，但心如毒蠍，你能說她美嗎？因此，美須與德聯繫在一起，這樣才能得到人們的讚譽。

論殘疾

殘疾者往往都怨恨造物主的不公平，因為他們認為自己身患疾病是造物主所賜。故而，殘疾者大都不喜歡自然界——他們以這種方式對造物主進行報復。

靈肉之間確有關聯，一方機能有問題，另一方也就不免出差錯了。但是，如果說人性在體格上有欠缺是無可奈何，那麼，人性對心智還是有一種選擇能力的。這樣，原有的傾向才能像星辰一樣，有時也會被品德和修養這樣一種太陽的光芒所籠罩。所以，最好不要將殘疾看作是一種標誌著更大程度上被動可欺的結果，而應當把它視為一種原動力，它的作用發揮起來是很有效的。

有缺陷的人確實易招人白眼，正是這種行為，使其心裡不斷掙扎著，試圖使自己擺脫被看不起的處境。所以，殘疾人膽子都很大。這種膽大開始時是為了在被人看不起時的自衛，後來漸漸積累便成了習慣。殘疾也使人勤奮，特別是使其勤於關注和觀察別人的弱點，以便有所補償。

此外，殘疾的另一點便是能消除上司對其的猜忌心，因為做上司的以為這種人是可以隨便不當回事的；殘疾也麻痺了同輩中的對手和仿效者，因為他們如不眼見為實，是從不相信殘疾人是有升遷可能的。所以，就此而言，殘疾對於一個才智超群的人來說，倒是一個使人飛黃騰達的有利條件。

古代帝王們（在當代也有好幾個國家如此）常常十分寵信宦官之流，因為那種憤世嫉俗的人最會聽從效忠於一人的。但是，帝王們親信宦官，不是出於把他們當作賢良的官吏，而是僅以其作為好打小報告的人的。宦官和殘疾人的情況都大概如此，其共同之處是：其中有頭腦的人，都決心要使自己擺脫被人看不起的處境，方法不外是出於善的或惡的。結果，殘疾人中有時出現了了不起的人傑，也是不足為奇的。如阿蓋西勞斯、蘇萊曼一世之子桑格爾、伊索，祕魯總督加斯卡，還有舉世聞名的蘇格拉底，以及其他許多人也是可以算在這幾種人之內的。

【賞析】

身上有缺陷的人，喜歡注意別人的缺點，他們之所以熱衷於此，為的是好像如此一來，自己便能取得一種補償。

事實上，這是一種不理智的行為。身體上的殘疾並不可怕，因為歷史上有很多身體殘疾者都成就了一番偉業；可怕的是心理上的殘疾，一個人倘若因身體殘疾進而心理產生了殘疾，勢將成為陰險小人。

論談判

　　關於談判，一般情況下口頭談比書面來往效果好，由第三方從中斡旋要比親自處理好。但是假如想得到一項書面協議，或者以便將來有書信做為證明，或者一方為了詳細地闡述自己的觀點，或者避免別人的竊聽干擾，那麼書面交涉的形式是可靠的。

　　當一個有較好修養且形象良好的人和他人交涉時，他的個人魅力會對面對面的會談好處。長官在下級面前通常就是這種情況。或者在微妙的局面中，此刻看見對方的表情就會讓他知道還能說多少話，而且一般來說，一個人如果想保留否認或者說明的自由，那麼在這些時候，親自交涉就會有好處。

　　在選擇交涉人的時候，選擇天性老實的人，比選擇狡詐的人要好。老實人會按照你的要求去辦，並忠實地匯報結果，而狡詐的人則會設法從別人的工作中為自己撈取一些好處。

　　處理事情要讓委託人滿意，同時要讓那些受僱傭的人喜歡自己的工作，因為這種喜歡會對工作發揮極大的促進作用，但是也要量才用人，例如用大膽的人士進行規勸，用說話彬彬有禮的人去說服，用機靈的人去打探和觀察，用剛愎自用而又任性的人去處理經不起仔細檢查的工作，而讓那些運氣好的人，去從事那些容易獲得成功的工作，因為那會為他們帶來更多信心，而且他們也會努力維持他們被認為是幸運的資格。

　　在交涉中，如果不是採用一種使對方措手不及的手段，開門見山地提出目的不如採用迂迴的策略。要知道，有求於人的談判對手是很容易對付的，而無所欲求的談判對手則是難以對付的。如果一個人與對方已經達成了初步的協議，那麼應該由誰先履行協議就成了關鍵的問題，而如果想要合情合理地要求對方先履行義務，那麼通常必須具備三個條件：一是該協議的性質需要對方先履行義務，二是能夠使對方相信他在另外的某件事情上還需要他的合作，三是能夠證明自己是最講信用的人。談判的全部策略技巧就是要觀察對方並利用對方。人們暴露自己的時候往往是受到別人信任的時候、興奮激動的時候、疏於防範的時候、迫不得已的時候，或者當你想做某件事情而又

找不到合適藉口的時候。如果你想左右對方，那麼你就必須瞭解他的性格、喜好進而引誘他，或者瞭解他的目的、意圖從而引誘他，或者是瞭解他的弱點短處從而迫其就範，不然就是瞭解能夠影響對方的人和事，從而對其加以控制。

與狡詐的人談判必須能夠判斷他的真實意圖，從而正確地理解他的言語，在這種人面前應該少說為佳，而且說的話要盡可能地出乎他的意料。在談判遇到困難時千萬不要急於求成，但必須為談判的成功做好充分準備，等待達成協議的時機逐漸成熟。

【賞析】

談判的過程實際上是協商的過程，就是充分利用自己的優勢與對方的弱點達成一致的過程。談判有很多種，大到國家之間的談判，小到私人之間的談判。掌握一定的談判技巧，可以說是笑傲職場的一把利刃。培根在論談判一文中詳細地講解了談判要注意的事項，告誡人們，唯有做到知己知彼，你才能進退自如。

論隨從與友人

誰都討厭費事的隨從，唯恐自己變成孔雀那樣，尾巴長了而羽翼短了。這些侍從不僅僅會對你要價高，而且他們容易倦怠，不易滿足。其實，除了主人主動提供的照顧、推舉以及免受惡待的庇護之外，一般的隨從不應有更高的要求。

結幫拉派的侍從更讓人不喜歡，這些人不夠忠誠，喜歡組成自己的小團夥，出一些壞主意，以攻擊算計別人，這在一些社會名流之間經常能看見。而有一些自大的侍從喜歡狐假虎威，這就會為主人惹麻煩。有的僕人虛榮，喜愛自吹，他們會洩漏機密，成事不足敗事有餘。

此外有一種陰險的侍從，他們以窺探主人隱私並四處散播為樂。然而這種人有時候卻更易得到寵信，因為他們往往善於逢迎他人。侍從對自己所服務的階層應負高度的責任（就像戰場上的士兵要為戰爭的勝敗負責一樣），他們應該文明、精通業務，他們也不能炫耀自己，又不能有太高的名聲。

在各式各樣的人中最有聲望的侍從，應該思維敏捷，德高望重，功過千秋。他們也沒有特別的優勢去自滿，只有去尋找一切可能的機會以證明自己。

不過，當選用人才找不到德才兼備能完全勝任之人時，與其選用能幹的人，還不如選用四平八穩的人。在政治上，對某些人過於照顧，可能會使他們變得驕縱，並且使另一些人產生怨恨。他們認為既然資歷相同，所以希望待遇也公平。可是，特別地寵信一些人，對自己也有好處，因為他們會對自己感恩戴德，從此變得更賣力，因為人人都想被寵信。

對於任何一個侍從一開始都不能給予重賞，否則以後你就難以再給予獎勵。不要被一個人所左右，這是不安全的，因為這會使大家認為你是軟弱的。任流言蜚語流傳，你不能因為道聽塗說就責怪、貶低一個人，這會使散布流言者肆無忌憚，詆毀別人的名譽。

也不要被眾意所左右，這會使你舉棋不定，朝令夕改。少數朋友的意見值得考慮。一覽眾山小，當你看得多的時候，你會覺得你的侍從只不過是一

群酒囊飯袋之徒。傳統上備受稱頌的那種友誼本來就少，尤其在難免暗懷嫉妒的同輩之間更少。但主僕的友情就不同，尤其當他們的利益榮辱相一致，同呼吸、共命運的時候。

【賞析】

　　人生一世，最可怕也最糟糕的事莫過於看錯人，沒有一件事比識人更需要細審明察的了。辨貨與識人是有區別的，能洞察他的氣質，分辨其性情是一門偉大的藝術。審察人性，應該像精讀一本書一樣，仔細留神，慢慢觀察。

論學習

讀書可獲得快樂愉悅之情，也可增長見識。它所獲得的享受主要是表現在獨處和索居時；所養成的斯文，主要是表現在談吐上；所發展的才幹，主要表現在辦事的決斷和處理上。因為，經驗豐富的人固然能做事，也許還能洞察細枝末節，但在運籌帷幄的才幹，唯有出自於那些博學的人士。

花太多時間讀書會令人懶惰，用讀書裝飾門面是自欺欺人，完全按照書本上的規則做就是書呆子。

讀書學習使天賦完善，但學識本身又要靠實踐去充實；因為就像自然植物需要修剪一樣，人的天賦也是需要經過讀書學習來發展的。而且，學習也要靠經驗劃定一個範圍，否則就會無邊際而流於空洞。

狡詐者鄙視學問，愚笨者羨慕學問，聰明者則運用學問。讀書本身是學不到應用之道的，相反地，應用之道是在書本之外和書本之上的一種智慧，是靠體驗而獲得的。

讀書既不能吹毛求疵，也不能輕信，更不能為了獵取談話資料而斷章取義，而應為了省察和思想。有些書應選讀，有些書應粗讀，少量的書應細讀和精讀。也即是說，有些書只要閱讀其中一部分就行；有些書可以通讀，但不必過於用心；少量書則應全讀，且認真細緻地讀。有些書也可請人代讀，再由人做出摘要來讀即可，但此讀法只限用於次要的和二流的書籍；否則，讀摘要的書就和喝蒸餾的水一樣索然無味。

讀書使人充實，辯論使人敏思，寫作使人嚴謹。因此，不常動筆的人，非得記憶力過人不可；不常與人交談的人，非得有急中生智的能力不可；不常讀書的人，就得小聰明絕頂，不懂時還能裝懂。

讀史使人明智，讀詩使人聰慧，學習數學使人精密，自然哲學使人深刻，倫理學使人高尚，邏輯修辭使人善辯。總之「讀書陶冶性情」。

不僅如此，心智上的任何障礙，無不可以透過方法得當的讀書學習來消除；這就像身體上的各種疾病都有相應的運動來調理似的。保齡球對膀胱和

腎臟有益；射箭對胸腔和肺部有益；散步對腸胃有益；騎馬對大腦有益等等。因此，精神渙散的人應研究一下數學，因為在數學的演算和求證之中，稍有走神的話，就得從頭再做一遍；不善分辨異同的人應研究一下經院哲學家的著作，因為這一學派的學者是連頭髮都拆開來分析的人；不善於由表及裡、也不善於觸類旁通的人，應研究一下律師的案例，也就是說，心智上的毛病都有對症的特效療方。

【賞析】

讀書、做學問並不是一朝一夕的，冰凍三尺非一日之寒，沒有毅力，沒有恆心就永遠也學不到真的知識，只有花氣力、下苦功才能有所進步，「一分耕耘，一分收穫」說的就是這個道理。

因此：學問的大小在於自身的努力，在日常生活中積累知識者猶廣儲藥物也，知所用為貴。學問就是要像儲藥一樣，越多越好，到時可以取之不盡，用之不竭。

論禮貌

不拘禮儀的人非得品德過人不可,就像毋須襯托、就能直接鑲用的寶石,其本身肯定是光彩奪目。

如果深入細緻地觀察人生的話,你會看到,獲得讚揚的方法猶如經商的訣竅。俗話說:「薄利才能多銷。」因為小的利潤時時刻刻都有,而大利則比較稀少。同樣地,小節上的一絲不苟可贏得很高的稱讚,因為它們一直在人們的注意之中,而施展大才的機會少之又少。因此,一個人如果舉止彬彬有禮,一定對他的名聲大有好處;這正如西班牙女王伊莎貝拉所說的那樣:「禮節乃是一封到哪兒都受到歡迎的推薦書。」

優美的舉止往往從細微處學得,這樣,你就自然會善於觀察和學習別人的優點。同時,在其他方面也要自信,舉止自然毫不矯揉造作。因為如果你竭力表現它們,你就會失去在那方面的魅力。有的人舉止言談好像在作詩,其中的每一音節都要仔細推敲,但這種細緻入微的人,卻可能只見樹木,不見森林。也有人舉止粗放不拘禮儀,這種不自重的結果告訴別人不要效仿,同時大家也不會尊重他。與陌生人交往和在正式場合的時候,不能忽略禮節,但是在和熟悉的人一起時,你也不能太注重。如果把禮儀形式看得高於一切,大家不但會覺得你索然無味,而且也會因此失去對你的信任。

所以,在交際中務必要找到一個分寸,使之既直爽又不失禮,這是最難而又是最高明的。在同等人之間的交往要親密友好,還應保持一點距離。與下屬交往要保持自己的威望,也要顯得自己和藹可親。事事愛出風頭的人是自輕自賤,惹人厭嫌。好心助人當然很好,但不能讓人覺得你是為了表現自己。

表示贊同,而且還要表明自己觀點的時候,即使你同意他的觀點,你也不能盲從,應表達自己一些不同的觀點。如果你完全贊同,也要提出你贊同的條件。如果需要討論,你的陳述要更深一步。人應該注意不能顯得太完美而得到太多的讚美,因為你不能承擔太多的妒忌,這不利於你高尚的德行。

過於計較禮儀，或者太注重時間和機會，將無法成就大業。正如所羅門所說的：「看風者無法播種，看雲者不得收穫。」只有愚者才等待機會，而智者則創造機會。總而言之，禮貌舉止猶如人們穿衣——不可太緊，也不要講究，應該寬鬆一點，才能行動自如。

【賞析】

　　能夠建立禮貌的美名，就值得稱讚。禮貌是文化的精華所在，使人富有迷人的魅力，從而贏得眾人的好感。粗俗、無禮、傲慢會令人憎惡，教養不良則可鄙。

　　禮多人不怪，怪的是缺乏禮貌。事情也是如此，缺少禮節會導致不公。如果能以禮對待敵人，更是難能可貴。以禮待人花費很少，但受益匪淺。一個尊敬別人的人，人們也會反過來尊敬他。

論稱讚

讚美是美德的一面鏡子。世人往往把能否獲得稱讚或獲得多少稱讚，當作衡量一個人才華、品德的一個標準。但是，鏡子不一定反映真實面貌。如果讚美來自庸眾，常常是虛偽縹渺的，因為凡夫俗子是常常不知美德為何物的。品德淺顯的，令他們誇獎；品德居中的，令他們欽佩或仰慕；品德行為高尚的，卻是他們根本就識別不了或理解不到的。唯有故作姿態和假冒的美德，才是最合乎他們胃口的。

其實，世人所傳的名譽就像一條可令輕物漂浮其上、可令重物或實物沉沒於其底的河流。但是，如果稱讚是出於有識之士異口同聲地認同，那這稱讚就有如《聖經》所說的「美名勝似香膏」，其香氣四溢，瀰漫空中，又不易消散，因香膏能比花草散發更持久的芬芳。

對於別人的稱頌應該加以辨別，因為許多讚揚是虛偽的客套話。有些稱讚純粹是出於阿諛逢迎。這其中，沒有什麼水平的獻媚者，只會說些誰戴都可以的高帽子好話；老練的獻媚者，用的是將心比心的方法，先找到人心中最自以為是之處，然後再灌迷湯；但是最厚顏無恥的獻媚者，卻會找到人心中感覺最不足和最難堪的地方，拚命說他在這些地方甚有長處，叫他不要把自己的不足當作一回事。

也有一些來自於真誠的願望和尊敬的稱讚，這種稱讚是對帝王將相、王公貴族應有的一種禮儀，即「以稱讚為引導」，就是在稱讚某些人如何的時候，實際就是對他們指出應該如何。

有些人被人稱讚其實是受人陷害，因為如此一來便可以挑起別人對自己的嫉妒。「最壞的仇敵就是說你們好話的仇敵」，所以希臘人有句諺語說：「笑裡藏刀的吹捧者鼻子上要長瘡。」就像英語中說的「撒謊者舌頭上起瘡」一樣。所羅門也說：「清早起來就大聲稱讚朋友的人，即無異於在詛咒朋友。」當然，適時又不俗氣的稱讚是有益的。

125

對人對事稱讚過頭，必會招來反感，引起嫉妒和嘲弄。自吹自擂是不可能大方得體的，例外的情況十分罕見。但如果是在稱讚自己的天分或職業，那麼可以做到很體面，還可以顯得很高尚。那些身為神學家、修士以及經院哲學家的羅馬樞機主教們，說起世俗事務便極鄙視和譏諷，他們把一切軍事、外交、司法及其他行業都叫做「管事的」，既是指「州吏助理」的工作，好像所有這些都是由州吏助理和法庭辦事員一類的事。說起來，州吏助理一類人的所作所為，常常比主教們高深的思辨還要更有益一些。

【賞析】

　　讚美的聲音，我們隨處都能聽到，而且在我們一生中，也會無數次地去稱讚別人，也被別人稱讚。那麼在稱讚別人時要注意什麼呢？培根給予了我們警示性的語言：當恰如其分地稱讚他人，不能過頭，適時、適度最好。在我們面對別人的稱讚時，如何把握自我？當謹記：好當面譽人者，必好背後毀人。

論虛榮

《伊索寓言》中有個關於虛榮者的故事真是說得非常好：蒼蠅叮在戰車的輪軸上神氣地叫喊：「大家看我揚起了多少塵土啊！」世上確實有許多像這隻蒼蠅一樣愚蠢的人，只要和自己扯得上一點關係，不管什麼事情，都厚臉皮地把別人的功勞吹捧成自己的。

愛吹牛的人必定愛拉幫結派，因為一切喜歡自誇的人都要拿他人做比較，甚至為了保全他們虛榮的臉面而不惜鋌而走險。自誇者必不能保守機密，這種人正如一句法國諺語所說「叫得很響做得很少」，只開花不結果，在事業上是絕不可信的。

但毋庸置疑，這一愛吹的品行在國事上還是有其用途的。當需要虛假聲勢，製造一些虛假的名望和功勞時，他們是很好的吹號手。比如在兩個君主的談判中，相互誇耀自己的實力，可以促進他們結成聯盟共同對付第三方；假如你在處理其他兩個人之間的事情時，分別向其中一個人吹捧自己在另一個人心目中的影響力，能夠提高自己的聲望。在諸如此類的事情中，這種人幾乎可以說是白手造就了時勢，憑藉謊言和吹噓而獲得了力量，而謊言和吹噓根本不需要花錢。

在軍隊中，自豪感是必不可少的，正如劍與劍可互相磨礪一樣，虛榮心可使將士互相激勵勇氣。在冒險的事業中，豪言壯語可以激發鬥志，催人奮進。審慎持重之言反而使人洩氣，它們是壓艙鐵而不是風帆。

至於做學問的名望，如果不插上誇耀的羽毛，學者的名望將難以飛騰起來，所以寫《漠視名望》一類著作的人並不反對把自己的大名印在扉頁上。

古代賢哲如蘇格拉底、亞里斯多德、蓋倫等，也都是有誇耀之心的人，虛榮心乃是人生事業的動力之一。

毫無疑問，是虛榮心促成了人的流芳百世。事實上，如果沒有一些虛榮心，像西塞羅、塞內卡、小普林尼（編按：西塞羅、塞內卡、小普林尼，三

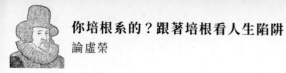

者均為古羅馬著名作家）不會取得如此的功名。虛榮心猶如油漆，它不僅使物體顯得華麗，而且能保護物體本身。

此外，還有一種人具有一種非常巧妙的能力，那便是能夠將虛榮心和其他美德掩飾得非常自然，猶如塔西佗所讚美的莫西——「他如此善於巧妙地顯示自己」，以致使人認為這並非出自虛榮，而是出自他的豪爽和明智。

表現恰當的謙虛、禮讓、節制，都可以成為求名自誇的藝術。假使你有一種專長，那麼你就不妨極口稱讚也有這種專長的其他人。沒有其他的方法比這種做法更好了，對於此，小普林尼說得好：「你既是誇獎別人，又是誇獎自己，不論他是比你強還是比你差。如果他的這種優點不如你，那麼既然他值得誇獎，當然你就更值得誇獎。如果他的這種優點勝過你，他不值得誇獎，你就更不值得誇獎了。」自誇自大的人，智者鄙視他，愚者追求他，食客們奉承他，這些人都是受虛榮心支配的奴隸。

【賞析】

社會上，有許多人總愛誇耀自己的輝煌歷史、豐功偉績，這主要是虛榮心在作祟。

虛偽會改變一個人的。

有些人將根本不屬於自己的業績據為己有，而沒有一絲慚愧。與此相反，真正誠實的人從來不會吹噓或炫耀自己的業績。所以，彼德在彌留之際，聽到威靈頓在印度創下的輝煌業績時，不由得感嘆說：「我聽到關於他輝煌事業的消息越多，我就越欽佩威靈頓的誠實謙虛品格，他無愧於自己的榮譽，他是唯一不為自己的功勞炫耀的人，儘管他完全有理由這樣做。」

論榮譽

榮譽非但不會使個人的價值遭到毀損，反而會更加昭然。

因此有很大一部分人的所作所為，目的就是為了追逐名譽，對這類人，儘管他們經常被公眾掛在嘴邊，但卻很少贏得人們發自內心的崇敬；另一方面，有些人在展示美德時總是有所遮掩，所以輿論往往低估了他們的價值。

如果有人能夠完成一項別人從未嘗試過、或嘗試過但沒有成功、或成功了卻不圓滿的事業，那與完成一項雖然非常艱鉅或高尚、但已經有人曾經圓滿完成的業績相比，前者應該獲得更高的榮譽。如果有人做事講究中庸，結果他的某項中庸舉動使各黨派、政派、教派、學派都感到滿意，那麼為他唱出的讚歌就會更加圓潤。如果一個人做事時不善於珍惜自己的名聲，那麼失敗對他名譽的損害將遠遠多於成功為他帶來的榮譽。因為戰勝他人而獲得的榮譽是最為光彩奪目的，就像經過雕琢的鑽石，所以應力爭戰勝任何有聲望的競爭對手，如果可能，最好是在他們擅長的方面勝過他們。

謹言慎行的門客和家僕能為主人贏得很好的名聲，也就是「主人的名聲出自僕人」。嫉妒是榮譽的天敵，所以必須消除他人對自己的嫉妒之心。方法是表明自己所追求的是功績而非名望，並把自己的成就歸功於上帝和命運，而非歸因於自己的聰明才智。

對於君王的榮耀，其合理的層次排列如下：

第一層次是那些開國立邦的君主，如羅穆盧斯、凱撒、奧斯曼和伊斯梅爾等等。

第二層次是那些創立法典和規則的君主，如來古格士、梭倫、查士丁尼一世、埃德加，以及創立《七部法典》的明君艾方索十世等等。

第三層次的就是那些國家的「解難之君」，他們結束了內戰的艱難困苦，或者把國家從外族或暴君的奴役下拯救出來：如奧古斯都大帝、維斯帕先、奧勒良、狄奧多里克、英王亨利七世以及法王亨利四世等等。

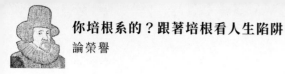

第四層次的，就是「擴疆之君」或「衛國之君」，他們藉助輝煌的戰爭擴張領土，或者以崇高的自衛戰爭抵禦了侵略者的進犯。

最後一個層次，應數那些所謂「他們的國王」了，也就是那些治國有道，使當政時代成為太平盛世的君王。

臣民的榮譽也是有等級的：

第一等級是大臣，他們分擔了國君最重大的事務，我們稱他們為國君的左右手。

第二等級是軍事領袖，例如國君的副官，他們在戰爭中為國君立下了顯赫的戰功。

第三等級是安守本分的親信，他們為君主帶來慰藉，而又不給人民帶來傷害。

第四等級是能臣，他們位於君主之下，位高又能勝任。

還有一種榮譽，同樣可以位列最偉大的榮譽之中，這種榮譽是罕見的，那就是，為了國家的利益捐軀，或者使自己遭受危險，馬爾庫斯・雷古魯斯和德西烏斯父子就是這樣的。

【賞析】

榮譽通常分為主觀和客觀兩面。從客觀一面來說，榮譽是他人對我們的評價和觀感；就主觀一面而言，榮譽感是我們對這種評價及觀感的重視。從後一點來看，要名遍天下就要對人產生一些有益，但非純道德上的影響。

培根在本文中，將榮譽概括為二類：一是君王的榮耀，二是公民的榮譽。事實上，具有特別任務的人比起一般人有大的榮譽，因為一般人的榮譽主要只是使自己免於羞辱，別無他求。

論怒氣

要徹底平息怒氣，那不過是斯多噶派的狂妄之言。還是神諭講得好：「有氣不妨發出來，只要不犯罪，也不可終日含怒。」發怒要有節制，不可過分，不可太久。在此，我們有三點要討論的：第一，如何調節和克制發怒的天性和習慣；第二，如何約束發怒的行為；第三，如何使別人動怒或息怒。

要做到第一點，就得靜下心來反省，想想發怒的後果，想想它對生活造成的麻煩。等怒氣平息後加以反思最為合適。塞內卡說得好：「怒氣活像坍塌的建築，倒在地上把自己摔得七零八落。」《聖經》教導我們「要常存忍耐，就必保全靈魂」。無論是誰，失去了忍耐的話，就會丟掉了靈魂。人絕不可學做蜜蜂：「在螫人的傷口上犧牲掉他們自己的性命。」

怒氣的確是一種卑劣的性情，因為老弱病殘和婦幼最易受其擺布；而它又偏偏常常出現在這些人處於脆弱的時候。但是，萬一免不了要生氣時，千萬別夾雜上焦躁，而寧肯帶點嘲弄的味道，這樣可使自己不會被傷害。這一點做起來不難，只要把上述之方法當作行動準則即可。

關於第二點，動怒的原因有三：

首先，就是對外來的傷害過於敏感，發火的人無不認為自己是受到傷害的，因此，脆弱和敏感的人一定是常常生氣的。有很多在心理剛強一些的人看來無所謂的事情，也總會使他們受到刺激。

再者，當人把所感受到的傷害，想像成飽含羞辱的內容時，就更是怒不可遏了。因為，羞辱是會令怒氣火上加油的，說不定要比傷害本身還厲害。所以當人對羞辱的情形過敏時，肯定是會動不動就發火的。

最後，損害一個人面子的壞話，也確實令人怒上加怒。對此情況的補救方法，就是建立一種「用更粗的繩索編織的名譽保護網」。但在所有的止怒訣竅中，最好的方法則是為自己爭取時間，要使自己相信，報復的時機還未來到，但它卻已在視野範圍內了。這樣，他就可以安靜守候時機的成熟，而不致當場發作。

心中怒火燃燒卻又不想讓它闖禍，就得對二件事情特別小心。第一，隨便罵一下無傷大雅，但說氣話不可過於尖酸刻薄，刺耳和指名道姓的言語都更是大忌。而且，怒罵之中，也不要揭人家的老底，因為，那樣做大家接受不了。另一點是，不可因為在氣頭上，就將手上的事情撇下不管，怎樣憤慨都好，無論如何都不要做出不可挽回的事。

對於第三點，關於使別人動怒或息怒這一方面，主要在於把握時機，要激惱人，就選其最急躁和心情最差的時候。此外，再加上上述方法，把你所能說的事都集中起來，加重對其的羞辱。相反地，息怒有這樣二個方法。第一，當向人提及某種可令其生氣的事時，一定要挑其心情好的時候才開口，因為第一印象十分重要；第二，就是要盡可能地讓人覺得其所受的傷害中沒有羞辱的成分，並把這種傷害歸咎於誤會、慌張、激動或其他任何你願意去推託的原因上。

【賞析】

憤怒沒有任何好處，它只會妨礙你的生活。與其他所有誤會一樣，憤怒使你以別人的言行確定自己的情緒。現在，你可以不去理會別人的言行，大膽選擇精神愉快──而不是憤怒。

總之，你應當提高控制憤怒情緒的能力，時時提醒自己，有意識地控制自己情緒的波動。千萬別動不動就指責別人，喜怒無常，改掉這些壞毛病，努力使自己成為一個容易接受別人、性格隨和的人，只有這樣的人才能成大事。

國家圖書館出版品預行編目（CIP）資料

你培根系的？跟著培根看人生陷阱 / 劉燁 編譯 . -- 第一版 .
-- 臺北市：崧燁文化 , 2019.12
　　面 ；　公分
POD 版

ISBN 978-986-516-186-6(平裝)

1. 培根 (Bacon, Francis, 1561-1626) 2. 學術思想 3. 哲學

144.32　　　　　　　　　　　　　　　　　108018874

書　　名：你培根系的？跟著培根看人生陷阱
作　　者：劉燁 編譯
發 行 人：黃振庭
出 版 者：崧燁文化事業有限公司
發 行 者：崧燁文化事業有限公司
E-mail：sonbookservice@gmail.com
粉 絲 頁：　　　　　網 址：
地　　址：台北市中正區重慶南路一段六十一號八樓 815 室
8F.-815, No.61, Sec. 1, Chongqing S. Rd., Zhongzheng
Dist., Taipei City 100, Taiwan (R.O.C.)
電　　話：(02)2370-3310 傳　真：(02) 2388-1990
總 經 銷：紅螞蟻圖書有限公司
地　　址：台北市內湖區舊宗路二段 121 巷 19 號
電　　話:02-2795-3656 傳真 :02-2795-4100　　網址：
印　　刷：京峯彩色印刷有限公司（京峰數位）
　　本書版權為千華駐讀書堂出版社所有授權崧博出版事業有限公司獨家發行電子
書及繁體書繁體字版。若有其他相關權利及授權需求請與本公司聯繫。
定　　價：250 元
發行日期：2019 年 12 月第一版
◎ 本書以 POD 印製發行